{想賺錢，要買對 投資型保單}

100%實用，投資型保單的100個提問
Investment Link Product

李雪雯 ｜著

　　雪雯是一位非常敬業用功的資深的財經記者。過去，擁有包括保險在內多張金融證照的她，已經出版了 15 本投資理財相關的書籍，其中有不少本，都是與保險有關。而她這第 16 本新書，談的則是一直爭議不斷的投資型保單。

　　根據「財團法人金融消費評議中心」最新的統計資料顯示，壽險業部分的爭議案件中，以「理賠金額認定」與「業務招攬爭議」為主，而投資型保險商品也是最常出現在招攬申訴的險種之一。

　　投資型商在保險商品中，屬於複雜程度極高的產品，而消費糾紛的發生，除了常見的業務招攬端的問題外，除說明不清或是招攬人員刻意隱瞞，常常也可能來自於保戶自己本身輕忽、沒有花時間瞭解商品內容。所以，這也是為什麼我相當認同，無論保戶或業務員人員，在購買或銷售前，都應該徹底搞懂投資型保單細節的重要原因。

　　雪雯這本書主要分為 4 大部分，分別向讀者介紹投資型保單的基本運作架構、保戶在投保前該有的正確觀念、實務操作，以及投資型保單最重要的，與保障金額息息相關的投資連結標的等內容。

這裡面的每一個篇章，都是想要深入了解投資型保單的民眾，或者是銷售的保險業務員、理專，應該了解的基本內容。其中第三章裡的各篇，更是我認為重點中的重點，包括：「購買投資型保單前的 8 大重點提醒」、「購買投資型保單保戶的 10 大錯誤觀念」、「適合買投資型保單的 6 種人」、「不適合買投資型保單的 5 種人」、「破解業務員 10 大行銷話術」，以及「一定要問業務員的 8 大問題」。

　　總歸一句話，這是一本用心分析投資型保單運作及實務操作的好書，個人非常樂意為它進行推薦。當然，更重要的是：不論是想要購買投資型保單的讀者，或是銷售保單的業務員，都需要認真參考與仔細閱讀才是！

彭金隆｜政治大學風險管理與保險學系教授

　　自 2008 年金融海嘯發生後，以美國為首的幾個經濟工業大國，帶頭採取降息及寬鬆貨幣政策（ＱＥ）來挽救衰退的經濟，經過多年的調整後，世界經濟漸漸恢復常態。之後，中美貿易開始關稅談判，限制多種貨物進口規範，到 2020 年的 Covid-19 造成人員行動被迫隔離封鎖，嚴重影響世界正常的經濟活動。緊接著 2022 年的烏俄戰爭爆發，歐美對俄經濟封鎖制裁，以能源為首的各種物資流通造成障礙，加劇通膨上升，經濟成長再度受阻，相對的連動到保險商品的設計與行銷服務。

　　在高通膨低利率的環境下，傳統型的保單設計是以金融市場當時的幾家代表銀行的平均利率為基礎，計算出保單保費，低利率會產生出高保費的保單，保戶接受度會降低，自然造成保險市場的行銷困境。因此，在自由開放的保險行銷市場中，自然會往投資型、外幣保單尋找出路。因此過去降息的這幾年當中外幣投資型保險的出單比率逐漸增加，至去年（2021 年）投資型保險商品（不含傳統年金）新契約保費收入已達到新台幣 5,775 億，佔全年度全部保費收入的 55.1%，躍登為保險市場中最為重要的明星商品。

　　日前經由「保險本舖」徐采繁總經理的介紹，認識本書的作者李雪雯女士，提及將要出版此書，並邀請寫序，才有機會對此著作更深入瞭解。作者本身就是一位非常優秀的財經領域資深專業作家，已出版無數佳作，如今特別因應市場的趨勢與需要出版此書，非常可貴。

目前市面上所發行的書籍，絕大部分是提供業務人員進修之用，以提升業務專業能力於經營行銷市場，提供保戶正確的專業服務。而本書的內容非常特別，是以客戶的角度出發，去探討如何面對及處理投資型保險。本書首章在說明保單的基礎運作，作者以深入淺出的文筆探討保單的基本架構及功能，接下來探討到購買投資型保單的正確觀念及技巧，依據不同的目的來操作連結投資標的，分享作者的實務經驗。

投資型保單與傳統型的保單最大的不同是在保單的價值準備金，是由保戶自己負責，也就是投資績效由保戶自負盈虧，在保單的架構中稱為「分離帳戶」，所以是需要靠保險公司提供高度專業且即時的正確服務，因此金管會保險局才會特別再規定，要求銷售投資型保單的業務人員還要加考一張投資型保險證照，確保銷售及服務品質。但是，經過多年下來的統計，投保糾紛還是以投資型保單居多，因此本書最後的附錄，特別介紹「金融消費評議中心」的申訴流程，供讀者參考，此完整的著作結構很專業且用心，非常值得本人為本書推薦給大家研讀。

莊介博 博士 | 實踐大學風險管理與保險學系兼任助理教授

　　這無疑是一本好書，因為投資型保單在 100 問之下原形畢露在廣大消費
讀者面前，而投資型保單在設計上的缺失也就更加難以遁行。這本好書對廣
大金融消費者利益的維護難以估算。　而嘔心瀝血完成這本 180 頁鉅著的作
者李雪雯小姐無疑是一位好人。　因為雪雯在這本書中不僅只是展現出她對
投資型保單產品所具備的豐富專業知識、不僅只是展現出她對金融市場銷售
金融商品手法話術的瞭若指掌，更重要的是在字裡行間她對金融消費者所具
備悲天憫人的情懷。　而同時具備高水平金融專業知識、金融市場實務銷售
手法話術豐富了解及悲天憫人的胸懷者，在國內實屬少見，為台灣金融消費
者感到慶幸。

　　許多人都知道台灣金融市場買賣雙方資訊不對稱的問題嚴重，卻束手無
策。　雪雯不一樣，她讓人佩服的地方是她發現問題後，多年來一方面持續
不停深入鑽研台灣金融市場供需生態失調的現象及原委，一方面將所發現的
各種也許合法卻不合情理的怪現象，一一的以大家都能看得懂的文字出版刊
行出來以供廣大金融消費者讀後可以做為防身避禍之用。　幾年來，雪雯已
經陸續出版了九本與金融實務相關的書籍，在護衛金融消費者正確理財的領
域貢獻之大難以衡量。　此外，她在臉書所開設的「李雪雯的健康財富百寶
箱」經過多年認真經營建立豐富實用的內容後，為她贏得了近萬的粉絲持續
追蹤，這樣的成就放眼台灣理財規劃實務領域內，已是無人能出其右。

新書出版發行，無疑對保險認知有限卻又有非理財不行的廣大金融消費者來說是一大福音，因為書中提到與投資型保單相關的六大風險、八大提醒、產生虧損的三種特色以及十大謬誤等等都是十分寶貴的防身術。　不論是已經手上抱滿投資型保單的讀者，或是正面對努力向自己推銷投資型保單的理專，仔細讀讀本書絕對是開卷有益，是稍解困境的方法之一。

　　當然，面對國內五顏六色看不懂也聽不明白的眾多金融商品時，最根本的防身之術還是遵守「自然就是美」的原則。　換言之，金融商品應該是越單純越好，自己聽不懂弄不明白的金融商品一概不予考慮，或是投資條件好到難以想像的金融商品一概不碰，不論想賣給你金融商品理專、營業員或是保險業務員你有多熟悉。　回顧過往，一再發生許多造成金融消費者大失血的金融商品的共同特色，不是很複雜，就是條件好到讓你難以想像。　而且複雜金融商品，其複雜程度往往連銷售的金融機構以及理專都搞不清楚，而我們辛苦賺來的錢何苦在這樣的買賣關係下化為陣陣青煙。

劉凱平｜安睿宏觀證券投資顧問公司總經理

　　學過中醫的人，應該都聽過這個對子：「人參殺人無過，大黃救人無功」。它大概的意思是：人參被列為上品之藥，所以，就算醫師用錯它而讓人致死，也不會有人認為是人參的過錯；但大黃則是屬於寒涼大瀉傷身之品，就算用它的醫師「對證下藥」，而治癒了病人，也沒人説是大黃的功勞。

　　以上對子所要強調的重點就在於：藥沒有好壞或高尚、低下之分，用對了，它就是救人的良藥；一旦錯用，它可就是「殺人」於無形。如果把這種尷尬的處境，放在投資型保單上，恐怕也是非常貼切。

　　説一句半開玩笑的話：如果不是投資型保單最初「取錯了名字」，讓人誤認它是「投資」，而非「保險」的話，這市場也不會出現如此之多的亂象、爭議與糾紛。

　　從投資型保單在台灣問市到現在，個人可以説，一路看著它的起起落落與演變。由初上市開始的商品百家齊鳴，到 2008 年金融海嘯之後，受到賠錢保戶的唾棄，再經過這幾年的投資市場榮景帶動，才又讓投資型保單重回美好年代。

　　這段期間，個人看盡這市場上的各種光怪陸離現象，像是：銷售業務員並不懂投資型保單，只是在公司的業績要求下，把它當做投資標的一樣地賣。至於購買的保戶，很少人是從「保障」的角度出發，多數只是著眼於它的「投資」能力（賺不賺錢）。

不少不肖的業務員，只是把它當做投資標的的一種而銷售；至於觀念不正確的普羅大眾，也把它做為短線投機炒作的工具。所以，投資型保單真正的優點，反而被忽略及掩蓋了。因為，不論是業務員或保戶，都只看它「投資生利」這一部分，而刻意忽略掉它的「保險保障（不論是提供身故、失能的保障，亦或是退休生活的保障）」功能。

說來不誇張，我曾經遇到過一些專賣投資型保單的業務員，卻完全不知道賣出去的甲乙丙丁戊型保單，到底有何差別？也說不清楚所謂的「停利機制」，到底是如何運作？更別提市場上這麼多的連結標的，其間的差別到底在哪裡？為什麼自己推薦給客戶的，就一定是最適合對方的「上上之選」？

這時候，許多業務員也會跟我抱怨說：客戶根本不想長期投資，全都是短線進出，而且他們也不想認真搞清楚投資型保單的內容。所以，不是他們不想「教育」客戶，而是客戶根本「不想聽」。例如某位業務員就無奈地表示：「客戶沒時間聽太複雜的內容，光說如何配息，就已經聽得很混亂了，就更不能讓他們聽到『本金有可能為零』。因為這樣一來，他們就不會買了」。

不可否認一直以來，投資型保單的市場相當畸形，有那種明知配息會吃到本金，但仍然選擇市場上最高配息率標的的保戶；也有那種把投資型保單當短線炒作工具，專買後收型保單，等「閉鎖期（有收解約費用的期間）」

一到，就趕緊賣出去「賺價差」的投資人；更有那種輕易聽信不肖業務員的慫恿，便把家中不動產拿去抵押，然後透入高配息類全委保單，希望賺取「高配息與低房貸利率差額」的投機客……

當這些新聞事件曝光後，輿論似乎都是一面倒地，責怪業務員亂賣、誤導民眾。但深入思考之後，讀者也許可從另一個角度思考：詐騙集團之所以存在，不也跟民眾的貪心有關嗎？

因為，一個巴掌拍不響，有什麼樣的保戶，自然也會有什麼樣的業務員。只要這市場存有不求甚解，心裡唯有賺錢，卻沒有任何風險意識的保戶，就永遠會有只求業績，卻無視將來會有「業障」的業務員。

當業務員只挑投資型保單好的方面說，保戶也儘挑自己想聽的部分聽。在投資市場行情不錯之際，雙方都還可以保持相安無事；不過，一但投資市場失利，各種投保爭議便紛紛出籠。因為，「凡投資，必有風險」。與其買一張不能讓保戶賺錢（另一個角度來說，就是不能提供保戶應有保障），費用率又高的投資型保單，那還真不如讓保戶把「投資」與「保險」徹底分開的好。以上種種，也是個人為何要寫這本書的起心動念。

本書主要分為 4 大部分，分別向讀者介紹投資型保單的基本運作架構、保戶在投保前該有的正確觀念、實務操作，以及投資型保單最重要的，與保

障金額息息相關的投資連結標的等內容。在在都值得想要投保的民眾，或是銷售投資型保單的業務員們深入了解。其中，個人更強烈建議想要買投資型保單的讀者，至少一定要仔細閱讀第三章的「正確觀念」，以及第四章的「實務操作」。特別是第三章中提到的「破解業務員十大行銷話術」及「一定要問業務員的八大問題」，都將是未來民眾在面對業務員的銷售時，可以考驗及測試對方的重要參考依據。

因為，假設保戶不懂，完全倚賴保險業務員或理專，而業務員也對投資型保單一知半解，保戶真的敢掏錢出來購買嗎？特別是在看過不少保戶「血淋淋」的虧錢案例之後，讀者還敢輕易相信業務員「買到賺到」的保證嗎？

最後，個人還想不厭其煩地重複：民眾該不該買的最主要原則在於「徹底了解這個商品內涵，以及它在個人資產配置中的份量比重及適用範圍。並且，照著投資型保單的「使用手冊（遊戲規則）」進行投資」。否則再完美的商品，買錯了，也一樣可能會變成保戶的一場理財大災難。

李雪雯

目錄 | CONTENTS

Chapter

① 投資型保單的基礎運作

Chapter

② 購買投資型保單，應有的正確觀念

Chapter 1

投資型保單的
基礎運作

1-1 什麼是投資型保單？
傳統保單 vs. 自行投資，有何不同？

1. 投資型保單的定義？
2. 投資型保單與傳統保單的差異？
3. 透過投資型保單進行投資，與自行投資有何不同？

　　投資型保單的英文是「Investment Link Product（ILP）」或「Unit Link（UL）」，字面上的意思是「以投資為導向的保險商品」：是一種將部分保費投資在各種投資工具上，而投資績效會直接影響未來保險給付的額度，保戶必須自行承受投資風險的保險商品。

　　換句話說，投資型保單保戶能享有的保險保障，完全取決於自己的「投資績效」。如果保戶自行決定的投資決策正確、收益大幅增加，保險金額（請見 1-3「保額與保障」中的介紹）也會跟著水漲船高；但如果保戶投資失利、獲利縮水，保障就會降到只有最基礎的額度。

　　反觀傳統型的保險商品，由於所有投資決策是透過保險公司（非保戶自行決定），因此，保戶所獲得的保障，永遠是當初保險公司所承諾的固定金額，絕不會因為保險公司當年度投資大賺錢，而享受再多一些的保障；或是因為保險公司當年度大虧損，而少拿一些保障。

投資型保單 VS. 傳統保單

　　正因為以上的差別，投資型保單與傳統型保單間的最大差別就在於：它將「投資選擇權」及「風險」都一併轉嫁給保戶，而保戶所能享受到的好處是：當投資失利時，保戶至少能享有最低的基本壽險保障；但是當投資收益不錯時，這筆錢也能百分之百回饋到保戶自己身上。而這，就是投資型保單裡，很重要的「盈虧自負」概念。

　　投資型保單的引進，對於台灣保險市場的發展來說，是一個重大的突破，因為它不像傳統型保單保額那樣的一成不變，甚至標榜可以彈性繳交保費。那麼，它與傳統型保單還有哪些重要差異呢？簡單來說，一共有下列六大差異：

圖 1-1 投資型保單 vs. 傳統保單

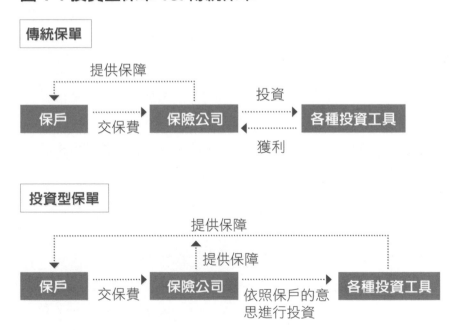

一、保障金額不同。傳統型保單的保額是固定的，不論保險公司投資成功或失利，保戶都將獲得原本在簽約時，保險公司所承諾的保障金額。反觀投資型保單的保障金額卻是「變動」的。也就是說，當保戶投資績效優異，可以獲得更高的保障，但失利時也還能獲得最基本的保障。

二、帳戶不同。傳統型保單因為只有一個「一般帳戶」，且這個帳戶是屬於保險公司，所以，如果保險公司因為經營不善而出現倒閉情形，保戶可能得不到任何應有的保障。

至於投資型保單的保戶，就大可以放心了。這是因為，投資型保單是採用「分離帳戶（又成為「專設帳簿」，詳見 1-2「三大種類與分離帳戶」中的介紹）」的概念，如果你買是變額壽險或變額萬能壽險，部份保障還是會由保險公司承擔。

另外，就算你是純投資的保戶，特別像是變額年金這類完全沒有身故、失能保障（除了少數幾張保單會在年金累積期間，提供保戶不同金額的身故、失能保障），也因為是採取分離帳戶的關係，就算保險公司倒閉，你也不必擔心這筆投資金額會不見。這是因為保戶放在分離帳戶裡的錢，只可能因為保戶的投資決策不當而虧損，或甚至最終保單帳戶價值歸零，卻不會受到保險公司破產時，債權人的追討而損失。

三、保費計算不同。傳統型保單（終身壽險）是採取「平準費率」，也就是說，從繳費的第一天到最後一次繳費，金額都是完全相同。然而，投資型保單的保費，則是採取「自然費率」，也就是金額會隨著保戶的年齡增加而提高。

（圖 1-2）是以同一家保險公司的變額萬能壽險（採自然費率，灰藍色線）及 20 年繳費、保額平準的不分紅終身壽險（採平準費率，灰色線）為例的每年繳費成本狀況，有助於保戶了解這兩個繳費方式的差別。

圖 1-2、自然費率 vs. 平準費率的圖例

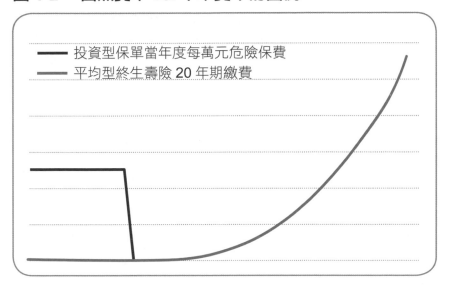

　　四、險種多樣性不同。投資型保單只有「壽險」及「年金險」，主要是「人壽保險」。但傳統保單除了這兩種之外，還有傷害險（意外險）及各種健康險等，種類及保障項目較為多元。

　　五、繳款彈性不同。投資型保單（變額萬能壽險）讓保戶在「保單帳戶價值足以支付續期保費」的前提下，可以暫停繳費；但傳統型保單（指非躉繳型）的保戶則必須按期繳交保費，否則保單可能因此失效（有關投資型保單的繳費方式，請見 1-4「保單相關費用」中的介紹）。

　　六、費用資訊揭露的透明度不同。傳統保單的保戶，通常並不清楚每次所繳的保費中，到底有多少是做為保險公司的管銷成本，以及業務員的佣金費用？但是在投資型保單中，保險公司必須清楚揭露相關的附加費用、危險保費（提供被保險人最低保障之用）、行政管理費用、轉換、贖回費用，以及各項投資相關費用等。

表 1-1 傳統保單 vs. 投資型保單

	傳統型保單	投資型保單
保額（障）固定	○	✕（視保單帳戶價值高低而定）
投資決策的選擇	保險公司	保戶
保單預定利率	有且固定	無，且視投資績效而定
死亡保費計算	平準保費的保單，每年繳交保費都相同。	自然費率，所以越年輕，保費就越便宜。
節稅效果	○（保險金免課遺產稅或贈與稅）	✕（國稅局認定免稅範圍僅有保障部分）
體檢核保	因風險全由保險公司承擔，所以較為嚴格。	因為風險部分由保戶負擔，因此較為寬鬆。

購買投資型保單 VS. 自行投資

既然「投資型保單」裡，有「投資」兩個字，且上面也有提到：投資型保單是將「投資決策權」，交還給保戶自己，由保戶自己去選擇投資標的，且保戶將「自負盈虧」。

那麼，很多人就會想：既然如此，買投資型保單，又跟自行投資「有何不同」呢？總的來說，透過投資型保單申購基金，與直接買基金之間的差異如下：

一、投資門檻不同。在「投資門檻」上，一般定期定額買基金，每月至少要花 3,000 ～ 5,000 元，才能買到一支基金；而投資型保單則是提供一個基金投資平台，這個平台有時連結的基金檔數多達 30 ～ 50 支，

甚至數百檔以上，也就是說，可以用很少的保費，買到「一籃子」的基金標的。

　　二、可投資或連結標的數不同。投資人直接買基金，想買哪一檔，完全可按自由意願，從非常多檔的主管機關核准基金、ETF，甚至不同的類全委帳戶中挑選；但是，如果透過投資型保單買基金，只能就該保單提供的基金投資做選擇。當然，換一個角度看，這等於保險公司先幫保戶，篩選出中長期表現優良的基金，才會放到平台上供保戶選擇連結，也許會比投資人自己「在茫茫基金海中撈針」要安全得多。

　　三、相關費用收取不同。直接買基金與買投資型保單的費用，各有優勝劣敗。由於投資型保單具有保障的功用，所以，相關成本會多出兩筆：「保費（附加）費用」與「危險保費」（相關費用請見下表 1-2）。

　　四、資產保全效果不同。實際以投保 100 萬元甲型投資型保單的某甲，與直接投資基金的某乙為例。假設 6 年後，兩者的基金淨值都是 200 萬元，而兩人都不幸身故，某甲可以從保險公司領到 200 萬元的身故理賠金，且這部分是可以免計入個人遺產總額中計算；至於某乙的 200 萬元基金投資淨值，則必須全數列入個人遺產中，計算遺產稅。

　　五、稅率負擔不同。也許讀者會說：就算保戶買的是沒有壽險保障的「變額年金險」，一樣有「比單純基金投資多出許多相關費用，且收取金額不低」的問題，怎能跟一般投資「相提並論」？

　　但是，民眾在細數投資型保單「收的費用多於一般投資基金」之際，卻常常忘記投資型保單會比直接資基金，少收取一些費用，並且少掉一些投資上的稅負（相關收費比較請見下表 1-3 及表 1-4，其他「投資型保單稅法的相關規定」，請見「附錄」篇）。

表 1-2 直接投資基金、ETF 與透過投資型保單投資的成本比較

		0050 ETF	主動式基金
	購買通路	證券商	投信公司、銀行財富管理、證券財富管理
投資成本	申購手續費（外加）	0.1425%（不同券商會給予約 2～6 成的折扣）	0～3%，視有無特殊優惠活動而定。
	贖回手續費	證交稅 0.1%（外加）	前收型：無 後收型：算在遞延費、分銷費或管理費中（內含） 透過銀行或證券指定用途信託方式投資，要加收 0.2% 或最低一定金額（按日收取）。
	投資轉換費	無此名目費用，算是贖回費用	無此名目費用，算是贖回費用（同一家基金公司贖回費用會有折扣，約 0.5%～1%）。
	管理費（內含）	0.32%	股票型約 1%～2%、債券型約 1%～1.5%，視基金類型、規模而有差異。
	保管費（內含）	0.035%	0.2%
保單成本	保費費用註		
	保單帳戶管理費註		無 勝
	保證費用		
	危險保費		
	解約費用		
	部分提領費用		

註：保單費用及保單帳戶管理費用，有的兩者皆收，有的只收一筆。基本上

投資型保單
壽險公司、保經代公司、銀行或證券財富管理
共同基金：無　　　勝 ETF：約 1% 類全委帳戶：無
共同基金：投資機構收取（內含）　　　勝 ETF：投資機構收取（內含） 類全委帳戶：無
每年轉換 6 ～ 12 次內不收費，超過每次收約 500 元　　　勝
共同基金：投資機構收取（同左），不另外收費；ETF：投資機構收取（同左）； 不另外收費類全委帳戶：約 1.3% ～ 1.7%
共同基金：無 ETF：約 1.2% 類全委帳戶：約 0.05% ～ 0.2%
約 2% ～ 4%
前收型保單：每月約 100 元 後收型保單：按保單帳戶價值一定比率收取（約 2.4% ～ 5.29%），再收一 筆每月 100 元的行政管理費。 有些保險公司會給予大額客戶（例如年繳保費超過 300 萬元以上），「不收 每月 100 元保單行政管理費」的優惠。
只有「保證給付」的變額年金險收取。
只有變額（萬能）壽險才有，且依不同性別、年齡收取。
一般收前 5 年，最高約 6% ～ 7%，並逐年遞減至 0。
一般前 5 年收解約費用，之後每年超過 4 ～ 6 次，才收每次 1,000 元。

來說，不收保單費用者，保單帳戶管理費用就收的比較多。

表 1-3 直接投資基金、ETF 與透過投資型保單投資的稅負比較

	0050 ETF	主動式基金	投資型保單
購買通路	證券商	投信公司、銀行財富管理、證券財富管理	壽險公司、保經代公司、銀行或證券財富管理
資本利得、股利或利息所得	買賣的資本利得不課稅（因目前證所稅停徵）；利息所得享 27 萬免稅額。	依所投資共同基金類型而有不同，請見下表 1-4。	【選擇共同基金】依所投資共同基金類型而有不同，請見下表 1-4。 【類全委帳戶】不論是境內或境外基金，只要投資國內市場所產生的配股（配發股利）與配息（孳息），一般都適用下表 1-4 的課稅原則。但是，也要看代操機構的投資方式，假設投資標的選擇「累積型」，則保戶的現金撥回部分，就可因為屬於「資本利得」而不課稅（因目前證所稅停徵）。
個人綜所稅二代健保補充保費（費率 2.11%）	單筆配息 2 萬（含）元，則要繳交二代健保補充保費。	不論是境內或境外基金，只要投資國內市場所產生的配股（配發股利）與配息（孳息），單筆超過 2 萬（含）元，都要繳交二代健保補充保費。	【選擇共同基金】不論是境內或境外基金，只要是投資國內市場所產生的配股（配發股利）與配息（孳息），單筆超過 2 萬（含）元，都要繳交二代健保補充保費。 【類全委帳戶】不論是境內或境外基金，只要投資國內市場所產生的配股（配發股利）與配息（孳息），單筆超過 2 萬（含）元，都要繳交二代健保補充保費。但是，也要看代操機構的投資方式，假設投資標的選擇「累積型」，則保戶的現金撥回部分，就可因為屬於「資本利得」，而不用繳交二代健保補充保費。

表 1-4 境內、外基金會因為投資市場在國內或國外，而適用不同的課稅方式

投資市場	境內基金		境外基金	
	國內市場	國外市場	國內市場	國外市場
買賣利得	資本利得不課稅（因目前證所稅停徵）		適用最低稅負制，同一申報戶超過 100 萬元就要申報，超過 670 萬元時，就會被課稅。	
配股（配發股利）	併入個人所得中課稅，或以 28% 稅率分開計稅。	───	併入個人所得中課稅，或以 28% 稅率分開計稅。	───
配息（孳息）	利息所得享 27 萬免稅額	適用最低稅負制，同一申報戶超過 100 萬元就要申報，超過 670 萬元時，就會被課稅。	利息所得享 27 萬免稅額	適用最低稅負制，同一申報戶超過 100 萬元就要申報，超過 670 萬元時，就會被課稅。

註：如果投資海外市場有配股，則適用「最低稅負制」相關課稅規定。

買投資型保單可以「自負盈虧」，這對我有何好處？

由於投資型保單，是把投資的選擇權交還給保戶。因此，保戶未來能夠領到多少的保障，完全取決於當事人的投資績效好壞而定，這與傳統型保單「保障固定」的作法，有極大的不同。

實際以 30 歲男性，購買 100 萬元保額為例，假設買的是傳統 20 年期繳費及保障定期壽險（年繳保費是 25,000 元，共需繳費 20 年、保險公司則提供終身的保障），無論他在 50 歲前發生任何意外，導致身故或全殘時，他從保險公司所獲得的保障，就永遠是 100 萬元不會改變。

但是以同樣年繳 25,000 元為例，如果購買的是保額 100 萬元的變額壽險甲型（身故、全殘保險金為「保險金額」與「保單帳戶價值」較高者給付，詳細解說請見 1–3「保額與保障」中的介紹）。那麼，他未來一旦不幸身故，所能夠領取的保險金，就完全要看他自己的投資績效而定了。

假使他的投資績效不錯，保單帳戶價值上漲到了 150 萬元，那他所獲得的身故理賠金，就是 150 萬元（「保險金額 100 萬元」或「保單帳戶價值 150 萬元」取其高者）；如果投資不幸碰壁，保單帳戶價值只剩下 50 萬元，那麼，他所獲得的身故理賠金，還是有 100 萬元（「保險金額 100 萬元」或「保單帳戶價值 50 萬元」取其高者）。

正因為保戶未來的實際理賠金額，以及保單帳戶價值的總額，都是依照保戶實際投資績效表現而定。所以，投資型保單就有所謂的「投資得好就拿得多，投資得差就只能領到最基本保障」的特性。

1-2 三大種類的投資型保單 vs. 分離帳戶

1. 投資型保單其實有三種。
2.「分離帳戶」是什麼？有何重要性？
3.「貨幣帳戶」是做什麼用的？

「投資型保險」在各國的名稱卻不完全相同，例如在新加坡及馬來西亞稱為「投資連結型商品」；在香港叫「基金連結」，或是「與投資有關的人壽保險計畫」；在英國稱「基金連結保險」；在美國與日本又叫「變額保險」；中國大陸稱「投資連結保險」；至於金管會保險局對外的新聞稿用詞，則都是「投資型保險（變額保險）」。

投資型保單其實有三種

儘管都叫做「投資型保單」，但事實上，不論連結標的是什麼？或是計價幣別有哪些？目前各保險公司所銷售的投資型保單，大約可以分為「變額年金」、「變額壽險」與「變額萬能壽險」三種，其共同的特色就是「保額是『變動』而非固定的」。

簡單來說，變額保險（包括變額壽險、變額年金及變額萬能壽險）就是將「變額（保障金額變動）」與「保險」概念結合在一起的保單。而這裡所說的保額金額變動，實際上就是「依照保戶的投資績效」決定。

27

　　一、變額壽險（Variable Life Insurance）：變額壽險是「保險金額不固定」，但「繳費固定」的保險，繳費方式有「躉繳」及「（分）期繳」兩種選擇。保戶可以自行選擇投資標的，並直接享有投資報酬與自行承擔風險。

　　二、變額年金保險（Variable Annuity）：在保險遞延期間（也就是「繳費期間」，保險專有名詞叫「年金累積期」）內，保單帳戶價值會隨著保戶自行選擇的投資標的績效而變動。

　　保戶可以從所連結的投資平台中，自行選擇不同類型的共同基金、ETF，或是直接選擇保險公司所提供的連結「結構債」（也就是所謂的「投資連結型商品」，俗稱「結構債保單」）、「目標到期債券」或「類全委帳戶」等標的。當變額年金保險的遞延期滿後（也就是開始領取年金的時候，保險的專有名稱叫「年金給付期」），年金給付方式可由保戶自行選擇「一次提領」，或是「分年提領（「保證給付年期」則視商品設計內容而定，從 10 年、15 年到 20 年不定）」。

　　三、變額萬能壽險（Variable Universal Life Insurance）：所謂「萬能」，其實並不是表示這種保單有什麼「了不得」之處，只是代表這種保單「可以彈性繳費」。所以，變額萬能壽險就是把原本的變額壽險，再加上一個「彈性繳費」的功能。

　　假設投資產生獲利，保戶的實際理賠金額就會跟著水漲船高；但如果決策錯誤，保戶的投資虧損連連，那麼，未來理賠的金額也會跟著縮水。這種實際理賠金額「上上下下變動」的現象，就是所謂的「變額」概念。所以，變額萬能壽險的架構與變額壽險並沒有什麼不同，都是一個「定期壽險」，再加上一個「投資帳戶」。而兩者最大的差異便在於：變額

萬能壽險可以「彈性繳費」，但變額壽險卻不行。

表 1-5 變額壽險 vs. 變額萬能壽險

比較項目	變額壽險	變額萬能壽險
保費繳納具彈性	×	○
保單帳戶價值固定	×	×
保障依投資效益而定	○	○
保險金額彈性調整	×	○

所以，如果把變額萬能壽險拆成兩大區塊來看，其中一塊是將保險與基金等投資做連結的變額壽險；另一塊則是所謂的「萬能壽險」，允許保戶有較彈性的保額增減與繳費方式。

正因為變額萬能壽險的保戶，「可以在不同的年齡、不同的保額需求之下，隨時提高或降低保額」。使得變額萬能壽險成為三種投資型保單中，適用性最廣的保單。幾乎可以這麼說，不論是有保障或投資需求的人，都可以透過這一張保單來解決。

然而值得注意的是，標榜「萬能」字樣的保險，並不是只有變額萬能壽險一種，目前市面上也有所謂的「萬能保單」，不過，這種「萬能保險」只是具有「彈性增減保費」（可以增加或減少保費的繳交，但通常有最低的限制）的功能，卻不一定代表保障金額也跟著「變動」。

事實上，正由於變額壽險、變額萬能壽險與變額年金的設計架構不同，使得這三種投資型保單在保障範圍及功能上，都有明顯的差異（請見表 1-6）。

表 1-6 三種投資型保單的比較

	變額年金	變額壽險	變額萬能壽險
險種	年金險	終身壽險	終身壽險
身故、全殘保障	×（除非有附身故保險的保單，否則僅退回已繳保費）	○（目前至少有「保額或保單價值較高」與「保額＋保單價值」兩型）	○（目前有「保額或保單價值較高」與「保額＋保單價值」兩型）
固定年金給付	○（可選擇一次提領或年金給付）	×（需透過部分解約方式用做退休生活費）	×（需透過部分解約方式用做退休生活費）
最低保證年金給付年限	○	×	×
繳費彈性	×	×	○
（前收）保費（附加）費用率	約 3～5%（各家保險公司收費不同）	金管會規定前 5 年總收 150%	金管會規定前 5 年總收 150%
（後收）解約費用	前收型保單無，後收型保單有（約 6% 或 7% 逐年遞減到 0，一般分 4、5 年收取）		
其他費用（投資手續費）	保單行政管理費、基金轉換費	保單行政管理費、基金轉換費	保單行政管理費、基金轉換費

「分離帳戶」是什麼？有何重要性？

前面曾經提到，投資型保單與傳統人壽保險最大的不同就在於：投資型保單是採取「分離帳戶」，而不是像傳統人壽保險那樣，在保險公司收取不同保戶的保費後，會彙整在同一個「一般帳戶」（General Account）中，再透過各項投資行為賺取更高收益，以進一步提供給保戶（被保險人）各種保障（保險理賠）。

對保戶來說，這樣雖然具有「保障固定（保險理賠金不會忽高忽低）」的好處，但問題是，如果保險公司投資績效不錯，保戶也無緣分享到箇中好處；其次，由於保戶的保單價值準備金，是與保險公司的資產放在同個「一般帳戶」中，一旦保險公司發生任何債務糾紛及問題，由於無法順利區分保戶及保險公司的資產，保戶未來的權益就會受到保險公司債務人的追索，而受到侵害及損失。

投資型保單則不同。在保戶所繳的保費中，保險公司扣除必要的費用（包括附加費用、行政管理費，以及必須的危險保費）之後，就會進入一個所謂的「分離帳戶（Separate Account，又稱「專設帳簿」）」中，並由保戶自行指示投資（非「類全委帳戶」）。

「分離帳戶」的資產屬於保戶所有，並不屬於保險公司，而且根據《保險法》的規定，分離帳戶裡面的保單投資資產，在保險公司發生財務風險時，可以不受保險公司債權人的扣押或追償。所以，投資型保單的保戶權益，基本上是比傳統保單的保戶更有保障。

目前市場上銷售的投資型保單的「分離帳戶」，總共有兩種不同的運作模式。其中一種最常見的，就是由保戶「自行決定投資標的」；另一

種則是由保險公司委託「證券投資信託公司（簡稱為「投信公司」），代為運用與管理「專設帳簿」裡的資產（這種保單又稱為「類全委型投資型保單」，請見 3-1「可與投資型保單連結的標的物」介紹）。

表 1-7 分離帳戶 vs. 一般帳戶

	一般帳戶	分離帳戶
採用險種	傳統保單（年金險、壽險等）	變額年金、變額壽險、變額萬能壽險
運作特色	由保險公司統一操作	保戶可以直接選擇投資工具
優點	保險公司承諾提供固定金額的保障	1. 不受保險公司一般債權人的追索 2. 保戶可直接且全數分享投資績效
缺點	當保險公司倒閉時，會因債權人求償、追索的風險而權益受損（可能拿不回任何保障）。	投資風險全由保戶自行承擔（自負盈虧）。

正因為投資型保單的一大特色，就是擁有一個獨立於保險公司「一般帳戶」之外的「分離障戶」。而隨著分離帳戶而來的一個，值得保戶牢記的投資型保單重要名詞，就是「保單帳戶價值」。

簡單來說，它是指保戶所購買保單分離帳戶中，所擁有的全部投資標的價值總和。但是，有的保險公司卻不是用「保單帳戶價值」這個名稱，有時會叫做「保單價值總額」。另外值得一提的是：投資型保單的「保單帳戶價值」，與傳統保單的「保單價值準備金」，是完全不同的概念（相關比較請見表 1-8）。

表 1-8 投資型保單的「保單帳戶價值」vs. 傳統保單的「保單價值準備金」

	保單帳戶價值	保單價值準備金
所屬險種	投資型保單	傳統保單
所屬帳戶	分離帳戶	一般帳戶
所含內容	「已投資部分的總價值（投資標的的價值總和）」與「尚未投資部分的總價值（尚未投資的淨保險費本金加利息）」的加總。	每期淨保險費總和
「淨保險費」的計算方法	保戶所繳保費—附加費用—行政管理費—危險保費（只限變額壽險與變額萬能壽險）	保戶所繳保費—預定附加費用—預定危險保費

「貨幣帳戶」的作用？

現在你應該就清楚了，保戶可以透過投資型保單分離帳戶裡的資金進行投資，以便獲得一定的資產累積。但是，投資市場不是天天都是「大晴天」，總有時候會遇到市場大幅下跌或波動，經常讓人不知所云！或是在市場行情到頂之際，想從股票或債券市場收手、停利出場的時候，手中的這筆資金不曉得該放在哪裡？

正因為考慮投資型保單保戶的這些需求，投資型保單都會提供給保戶一個特別的帳戶，也就是在他們空手或不想進行任何投資之際，設有一個暫時停泊資金的地方。這個帳戶，就是所謂的「貨幣帳戶」。

簡單來說，所謂的貨幣帳戶，其實就是類似銀行活存或活儲的一個戶頭。保戶暫停投資的錢，不但有個地方可以存放，還可以享有一定的利息收入，不讓這些資金完全閒置、毫無產值。

目前各壽險公司銷售的投資型保單中，所提供的貨幣帳戶幾乎都有「台幣」及「美元」兩種，有的還額外提供熱門的歐元、澳幣等貨幣帳戶，能夠讓保戶將資金停泊在這些帳戶中，等到有利的時機再進場。而且，多元化的幣別選擇，也可以減少保戶再進場之際，避免受到國際匯市波動下的匯兌損失風險。

保險
停看聽

我該選哪種「貨幣」帳戶呢？

既然貨幣帳戶的功能，是保險公司提供給保戶，在後市、行情未明之際的資金暫時停泊的地方。保戶在選擇貨幣帳戶時，最好選擇「與較為看好市場計價幣別相同」，以及「強勢貨幣」為主。

舉例來說，如果未來看好美國市場、美元也將走強，但覺得現在還不是最佳的投資時機。此時，保戶可以選擇「美元」的貨幣帳戶，一方面享有「美元升值」的匯兌收益，另一方面也不用擔心實際進場時，還要經過一次匯率轉換的手續（費用）。

1-3　保額 vs. 保障

1. 保險金額、基本保額與最低基本保額。
2. 甲型與乙型保單。
3. 既然有甲型、乙型，為什麼還有丙、丁、戊型保單？

　　保險金額在投資型保單中，是個非常重要的名詞。因為它不但是不同性別、年齡保戶所該繳交的「基本保費」依據，也是影響未來理賠時，被保險人及受益人「死亡給付（身故、全殘保險金）」金額有多少的最大關鍵。

　　然而，許多剛開始接觸投資型保單的讀者，最容易被搞得「一個頭，兩個大」的幾個專有名詞，就是「保險金額」、「基本保額」、「最低基本保額」、「淨危險保額」等的不同。

　　其中，投資型保單的「基本保額」與「保險金額」，是兩個完全不同的概念，兩者也存有極大的差異。簡單來說，「基本保額」就是「投保金額」，也就是「保單契約上所記載的投保金額」；而「保險金額」，才是指「被保險人身故或失能時，保險公司賠給保單受益人的總理賠金額（又可以稱為「死亡給付」、「身故保障」或「身故保險金」）」。

　　保戶最簡單的記憶方式：就是「基本保額」是投保時用，而「保險金額」是理賠時用的。

保險金額、基本保額與最低基本保額

因為與傳統壽險相同，投資型保單的要保人在投保之後，也是可以增加或減少基本保額。其中，增加保額需要保險公司同意；至於減少保額，則是可以透過「部分解約」的方式，讓保額降低。且在新制實施之後，有清楚明文規定：不同年齡保戶的保額，與保單帳戶價值間，必須維持著一定的關係（請見第 45 頁「門檻法則」的介紹）。因此，如果保戶想要調降保額，也必須同時將多出來的保單帳戶價值提領出來。

只是，不論是增加或減少保額，都不得高於或低於各保險公司的承保規定（最低或最高承保金額）。以最低（高）承保金額為例，一般是有一個「最低（例如 10 萬或 30 萬元」，或是「最高（例如 3,000 萬或 6,000 萬元，最高甚至可達 3 億元）的限制。但問題還沒結束，保戶最低或最高基本保額，還必須參考三項指標：其一是基本保額，還必須同時符合所謂的「最低比率規範」。這裡的「最低比率規範」，指的是根據金管會所訂的「門檻法則」，不同年齡被保險人的基本保額，在除以保單帳戶價值後，不得低於一定比例，且投保甲型，或乙型保單的比例各有不同。

至於「最低或最高承保金額」，則是各保險公司允許保戶投保的最低或最高金額。那麼，保戶什麼時候，需要用到「最低承保金額」這個名詞呢？就是當保戶第二年之後，想要減少或增加基本保額時。目前，各保險公司最低承保金額以台幣為例，大約落在 10 ～ 30 萬元（更低也有 5 萬元的），最高約是 3,000 ～ 6,000 萬元。但，也有最高達 3 億元的。

不過，雖然每家壽險公司的投資型保單，都有「表訂」的「最低承保金額」，但是，由於金管會門檻法則的限制，再加上各家也訂有「最低年

繳保費」等限制，所以，保戶通常不太可能買到真正的「最低承保金額」。

　　實際以某家公司的變額萬能壽險為例，雖然「表訂」的「最低基本保額」是 5 萬元，但以 25 歲男性、年繳保費最低 3.6 萬元為例，最低基本保額就必須是 450 萬元，而不是表訂的 5 萬元。

　　至於「淨危險保額」，則是當保戶確定基本保額（投保金額）之後，依照保所買保單，是屬於甲型、乙型（或甚至是丙、丁、戊型）之下，必須額外支付危險保費的計算標準。也許讀者這樣看起來，並不是頂清楚。我以實際案例來舉例，也許就比較有概念。假設 25 歲男性預計年繳 10 萬元的目標保費，沒有繳超額保費，那麼，投保甲型保單第一年的最低「投保金額」（基本保額），就不得低於 19 萬元；乙型保單則是 9 萬元。而這裡的「19 及 9 萬元」，就是保戶要繳計算危險保費的「淨危險保額」。

甲型保單 vs. 乙型保單

　　前面曾經提到，投資型保單與傳統保單的最大不同，除了之前曾經談到的「分離帳戶」設計外，另一個很大的不同就在於：它在被保險人身故之後，所提供的保險理賠金，並不是像傳統壽險一樣「固定不動」的。也就是說，在投資型保單（主要是提供壽險保障的「變額壽險」及「變額萬能壽險」）當中，「基本保額」與「保險金額（死亡給付）」並不是相同的，而這，正是投資型保單與傳統壽險最大的不同。

　　過往，傳統保單在簽約時，要保人（保戶）完全能夠清楚了解，自己到底享有多少保障金額？但是在投資型保單，被保險人身故時，到底能拿回多少保險理賠金，卻完全是不固定的。而且，會隨著保戶所買

的保單屬於「甲型」、「乙型」而有差異。

根據《投資型人壽保險單示範條款》中，對於「甲型」與「乙型」保單的定義如下表。簡單來說，甲型、乙型最大的差別在於「身故保險給付條件」。甲型的身故保險金是「保險金額或保單帳戶價值取其高者」，乙型保單的身故保險金則為「保險金額加計保單帳戶價值」。為了便於快速記憶及分辨差異，保戶可以把甲型與「兩者取其高」的意思相聯結；至於乙型，則具有「兩者相加」的意思。

表 1-9 示範條款對於甲、乙型保單的「淨危險保額」定義

甲型	基本保額扣除保單帳戶價值之餘額，但不得為負值。
乙型	基本保額

看到這裡，讀者也許會問：如此區分甲型與乙型的保險金額，對保戶有什麼特別重大的意義嗎？有的，那就是關係到保戶所繳的危險保費是多？是少？實際再舉 25 歲男性、躉繳 30 萬元保費，購買某壽險公司的變額萬能壽險為例，購買甲型保單的初年度最低基本保額是 57 萬元（因保費與保額取其高），買乙型就只要 27 萬元（請見表 1-10）。

表 1-10 投保金額相同，甲型與乙型的危險保額卻大不同

	甲型	乙型
躉繳保費	30 萬元	
初年度最低基本保額	57 萬元	27 萬元
保險金額（身故保險金）	57 萬元	

以上初年度最低保額的計算，之所以出現差異，就是因為當保戶購買的是甲型保單，只要帳戶內的保單價值超過原先約定的保險金額，保險公司就不會另外向保戶收取危險成本；但如果保單價值低於保障金額，或是你購買的是乙型保單，保險公司都會按月從帳戶價值內，扣取一定金額的危險成本。

由於基本保額＝投保金額，而保險金額＝身故保險金，還有甲型（投保金額與保單帳戶價值取其高）及乙型（投保金額＋保單帳戶價值）的區別，再加上金管會規定保戶的身故保險金與投保金額間，必須維持一定的比例，所以，保戶萬一不幸身故時的實際保險理賠金，就可能是完全不同的數字（請見表 1-11）。

表 1-11 保險金一樣，但保單價值不同的保額（身故保險金）

	狀況 1	狀況 2	狀況 3
基本保額（投保金額）	10 萬元		
保單帳戶價值	20 萬元	10 萬元	8 萬元
甲型保單保險金額（身故理賠金額）	20 萬元	10 萬元	10 萬元
乙型保單保險金額（身故理賠金額）	30 萬元	20 萬元	18 萬元

危險保費 vs. 危險成本，是什麼？

簡單來說，「危險成本（危險保費）」是依照被保險人（要保人）性別、年齡而訂定的「每萬元年繳保費」費率（稱為「危險費率」或「保險成本

費率」），再乘上「（淨）危險保額」後的數值。有些保險公司稱之為「保障費用」、「保險成本」等。而投資型保單的危險成本，則是從分離帳戶中按年或按月扣除。

那麼，「（淨）危險保額」又是如何計算出來的？簡單來説，如果保戶買的是甲型保單，它的（淨）危險保額，就是「基本保額」扣除「保單帳戶價值」之後的餘額（記得吧，前面曾經介紹過，甲型保單的「身故保險金（保險金額）是「基本保額」或「保單帳戶價值」取其高」；至於乙型保單，則就等於「基本保額」（因為乙型的「身故保險金」，是「基本保額＋保單帳戶價值」，所以，不論保單帳戶價值多少，購買乙型保單保戶永遠都要額外支付危險保費）。

在此以甲型保單為例，假設保戶的基本保額是 100 萬元，第一年所繳保費，扣除所有保險費用、帳戶管理費等之後的保單帳戶價值是 6 萬元，那麼，這位保戶的淨危險保額就是 94 萬元。再以 30 歲男性為例，他當年度所要繳交的危險成本，就是 94 萬元乘上危險保費（假設以「每年每萬元淨危險保額費率以 12.537」為例），得出的危險成本就是 1,178 元。

假設保戶每年持續繳交保費，且投資績效不錯，第 10 年的保單帳戶價值已經來到 101 萬元。那麼，這位保戶就不用再支付危險成本。這是因為保單帳戶價值高於投保金額，那就不需要另外支付危險保費。萬一他不幸身故，他的保險金受益人，則可以領到 101 萬元的死亡給付。

我該買甲型或乙型保單？

説實在的，不管是哪一種保單，有一利就一定有一弊，我不能説保戶

應該買哪一種給付方式的保單，或者說買哪一種保單最有利？但我建議各位可以根據下列幾項原則，來購買適合的類型。

一、如果你是「重保障」的人：當保單價值增加時，乙型（型）保單的保障最高及最完整（因為身故給付是兩者相加，再加上保單價值還要再乘上一個關聯係數）。因此，有「重保障」需求的保戶，就適合購買乙型保單。

二、如果你是「重投資」的人：應該選甲型保單。因為這兩種給付方式的保單，當保單價值增加時，危險保額增加得最少，保戶被扣的危險保費也會比較少，代表能用於投資的金額也比較多。只不過，世事難料。以上只能提供一個大概的原則及方向，並不保證保戶在選了甲型或乙型之後，後續劇本就完全按照當事人的期望發展，畢竟投資就會有風險。

舉例來說，當 61 歲的保戶投保時，希望死亡給付能有 110 萬元，並用同樣躉繳 100 萬元的保費，分別購買甲型與乙型保單時，依照門檻法則的規定，他所要投保的保險金額是不同的（請見表 1-12）。但是，當保戶因為投資賺賠，使得保單帳戶價值增加或減少時，保戶後續所要繳交的危險保費負擔，可能就出現極大差異（請見表 1-13）。

表 1-12

保單類型	需投保投保金額	躉繳保費	淨危險保額
甲型	110 萬元	100 萬元	10 萬元
乙型	10 萬元	100 萬元	10 萬元

註：61 歲保戶投保，希望死亡給付 110 萬元時，投保甲型與乙型變額（萬能）壽險的投保保額，以及危險保費的計算，是完全不同的：甲型的死亡給付＝保額或保單帳戶價值取其高。乙型的死亡給付＝保額＋保單帳戶價值。

表 1-13

保單類型	基本保額	保單帳戶價值	需支付危險保費	死亡給付
甲型	110 萬元	150 萬元	0	150 萬元
乙型	10 萬元		10 萬元	160 萬元
甲型	110 萬元	50 萬元	60 萬元	110 萬元
乙型	10 萬元		10 萬元	60 萬元

註：當保戶之後投資出現賺賠時，所要負擔的危險保費，以及不幸身故時的死亡給付也不同：甲型的死亡給付＝保額或保單帳戶價值取其高，乙型的死亡給付＝保額＋保單帳戶價值。

　　上表所代表的意義在於：萬一保戶不幸身故，當投資有獲利時，投保乙型保單的保單受益人，可以領到較多的保障，當然，他也得繳一定的危險保費才行；而當投資出現虧損時，投保甲型保單的保單受益人，反而可以領到比較多的死亡給付，不過相對的，也必須支付比較多的危險保費。正因為如此，所以我才會說，「重保障買乙型，重投資買甲型」，只是一個大略的原則與方向。因為根據某些保險業務員的說法，投保甲型變額（萬能）壽險的好處，就是當客戶投資有賺錢時，就不用支付危險保費。

　　但是，以上情況要「成立」的大前提是：保戶一定要「選對投資標的」。也就是說，當投資連年失利之際，保單帳戶價值還會因為要扣一大筆危險保費，而更加大幅縮水。所以，除非保戶能夠讓投資永不大幅虧損，保單帳戶價值維持在一定水準之上，有些業務員說「重保障買甲型、重投資買乙型」的假設前提，才會容易成真。

既有甲型、乙型，為何還有丙、丁、戊型保單？

前面提過，為了符合金管會「門檻法則」的規定，各家保險公司每天都會透過電腦系統，幫客戶計算每日的保單帳戶價值金額。一旦客戶死亡給付金額「低於」門檻法則的規定，就會要求保戶多繳一些危險保費。

事實上，為了符合這項規定，各家保險公司都推出甲型與乙型兩種給付方式，但是安聯人壽等少數保險公司，則是多推出了丙型、丁型及戊型的三種給付方式供保戶選擇。有關丙、丁、戊型保單的淨危險保額定義，請見（表 1-14）。

表 1-14 丙、丁、戊型保單的淨危險保額定義

型別	淨危險保額
丙型	基本保額扣除保險金扣除額及保單帳戶價值之餘額，但不得低於保單帳戶價值乘以門檻係數之金額。
丁型	基本保額，但不得低於保單帳戶價值乘以門檻係數之金額。
戊型	淨危險保額為下列三者之最大者。 1. 基本保額扣除保險金扣除額後，再扣除保單帳戶價值之餘額。 2. 本契約累計已繳付之保險費扣除累計已提領金額後，再扣除保單帳戶價值之餘額。 3. 保單帳戶價值乘以門檻係數之金額。

資料來源：安聯人壽

表 1-15

保單類型	年繳保費	初年度基本保額	投保當時的淨危險保額	投保當時的身故保險金
甲型		450 萬	438 萬	450 萬
乙型		450 萬	450 萬	462 萬
丙型	12 萬元	450 萬	438 萬	450 萬
丁型		450 萬	450 萬	462 萬
戊型		450 萬	438 萬	450 萬

註：假設 25 歲男性，購買「該公司某張變額萬能壽險」（期繳保費），年繳保費 12 萬元，甲乙丙丁戊型保單，初年度所要購買的保額；而以上暫不考慮各項保費費用成本。

表 1-16

保單類型	躉繳保費	初年度最低保額	假設初年度基本保額	投保當時的淨危險保額	投保當時的身故保險金
甲型		57 萬	60 萬	30 萬	60 萬
乙型		27 萬	60 萬	60 萬	90 萬
丙型	30 萬元	1 萬	30 萬	27 萬	57 萬
丁型		1 萬	30 萬	30 萬	60 萬
戊型		1 萬	30 萬	27 萬	57 萬

註：假設 25 歲男性，購買「該公司某張變額萬能壽險」（躉繳保費），躉繳保費 30 萬元，甲乙丙丁戊型保單，初年度所要購買的保額；而以上暫不考慮各項保費費用成本。

不過，相信包括個人在內的讀者，單看以上的解釋，還是對於其中的差異「莫宰羊」。因此，個人就請該公司，特別以 25 歲男性為例，説明不同保單（主要是前收或後收的差別）的甲、乙、丙、丁、戊型，其淨

危險保額是多少？（請見表 1-15、表 1-16）

　　事實上，對於不是非常了解保單運作的人來說，上述的解釋或許還是令人摸不著頭緒。對於想要購買投資型保單的人，只要了解關於身故（死亡）給付部分，有甲型與乙型的差異就好。但是值得注的是：雖然最基本的類型是甲型及乙型。但是，不是每一張保單，都一定同時推出甲、乙兩型。有的保單，保險公司只推出乙型，有的保單，保險公司則只推出乙、丙、丁型。

保險
停看聽

「門檻法則」vs.「死亡給付對保單帳戶價值」的比率限制

　　投資型保單保額的「最低比率規範」，講的就是金管會在 2007 年 10 月 1 日起生效的「門檻法則」。當初行政院金管會，正是為了維持投資型保險商品的最低保險保障比重，藉以提高國人保險保障，並促進國內投資型保險市場良性發展，才特別訂定了「投資型人壽保險商品死亡給付對保單帳戶價值之最低比率」的規範。

　　依照規定，投資型人壽保險的「死亡給付對保單帳戶價值」的比率，應該在要保人「投保」以及「每次繳交保險費時」，按要保人的年齡高低，符合下表中所規定的數值。

投保年齡	15 足～30	31～40	14～50	51～60	61～70	71～80
甲型	190%	160%	140%	120%	110%	102%
乙型	90%	60%	40%	20%	10%	2%

1-4 投資型保單的相關費用

1. 最低保費、目標保費、超額保費、保戶實際所繳保費
   是什麼？
2. 何謂「彈性繳費」？與「躉繳」、「分期繳」有何不同？
3. 我繳的保費都到哪裡去了？

　　投資型保單除了前面一節曾經提到的各種「保額」，會讓保戶「一個頭，兩個大」之外，另一個會讓腦筋大打結的名詞，就是各種「保費」了。過去，保戶在投保傳統保單時，只要順著保險公司的規定，把依照不同性別、年齡、投保金額的年（或半年、每季、每月）繳保費付完了，基本上就沒有什麼保戶的事了。因為，傳統人壽保險保戶要繳多少保費，是依照不同性別、年齡及投保金額而定。只要這三項條件確定，保戶每年要繳多少保費，都是能夠馬上得知的。

　　其中的差別只在於「平準費率」及「自然費率」的不同。如果保戶買的是採取「平準費率」的保單，每年（每期）所繳保費都是固定不變的；而如果是採「自然費率」的保單，每年（每期）保費，則會隨著年齡（有時是每年不同，有時是每 5 年一變）而有不同。

最低保費、目標保費、超額保費、保戶實際所繳保費

　　當保戶投保投資型保單時，保險業務員還會多問一句：「你有多少預

算？每期最低想要繳多少目標或超額保費」？或是問保戶：「你要多少保障？又想要多少錢做投資」？

這時候，保戶常常會「臉上三條線」，不知道自己為什麼要回答這樣的問題？事實上，正因為投資型保單採分離帳戶，且收費都以「透明化」的方式呈現，所以，會出現非常多傳統人壽保險裡，根本不會出現的名稱與概念。其中，在保費的計算與相關費用的收取上，就有非常多的「專有名詞」，可能會讓保戶「暈頭轉向」。

其中，目標保費（有些公司叫基本保費、計劃保費……）與「超額保費（有些保險公司叫逾計畫保費……）」，以及其與保戶所繳保費間的關係，就常常讓保戶不知其中的差異？

簡單來說，保戶最應該知道的，有關投資型保單的「保費」專有名詞，至少有「目標保費」、「超額保費」及「最低保費」三種。且值得保戶注意的是：投資型保單上依不同性別、年齡所列的「最低保費」，與保戶「實際所繳保費」、「目標保費」、「超額保費」及「危險保費」所指的，則是完全不同的一件事。

首先，來看看投資型保單的「目標保費」，它是指：要保人與保險公司約定，金額記載在保單首頁的「每期應繳保險費」。其目的，就是用來提供被保險人身故、完全失能保障，以及投資需求。

不過，之前不同保險公司的目標保費名稱，相當不統一。曾經出現過的名稱還包括：基本保費、計劃保費、參考保費…等，但是所代表的意義都是一樣的。

一般來說，目標保費不得低於保險公司所規定的「最低保（險）費」。舉例來說，如果某位保戶購買一張投資型保單，依照其性別、年齡、投

保金額所訂出來的目標保費是年繳 2 萬元，但如果該公司規定最低保費是 2.4 萬元。那麼，這位保戶設定的目標保費，必須是 2.4 萬元，而不是原先的 2 萬元（請見圖 1-3）。

圖 1-3 最低保費、保戶第一期最低應繳保費間的關係

保險公司規定

保戶第一期最低應繳保費

最低保費（2.4 萬元）　　2.4 萬元　或　2.4 萬元以上

基本上，除非要保人在繳費之後，向保險公司申請調降目標保費（但一樣不得低於公司規定的「最低保費」），否則，目標保費只要是定期繳費，日後每一期的金額都必須是相同的。

其次來看「超額保費」。它是指由要保人申請，並且經過保險公司同意，為增加其保單帳戶價值，超過目標保險費以外的所繳保險費。與「目標保費」相同，過去不同保險公司也會有不同的名稱，例如：增額保費、彈性保費、逾計劃保費等。一般來說，超額保險費可以「定期」或「不定期」的方式繳交。但是，要保人必須先繳足當期的目標保險費之後，才能夠繳交超額保險費。也就是說，要保人不能只繳超額保費，而不繳目標保費。

圖 1-4 保費總額超過所設定的目標保費，將產生「超額保費」

保戶總繳保費
（3 萬元）

目標保費
（2.4 萬元）

超額保費
（6,000 元）

圖 1-5 保費總額剛好等於目標保費，將不會產生「超額保費」

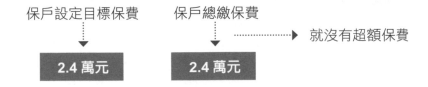

保戶設定目標保費

保戶總繳保費

就沒有超額保費

2.4 萬元

2.4 萬元

保費年繳、半年繳、季繳與月繳金額的計算，與傳統保單差很大

接著，再來看「最低保費」。很多人不知道「最低保費」的意思，其實就是保戶購買投資型保單的「最低繳費門檻」（它比較像傳統保單「最低承保金額」的概念）。每家保險公司對於最低保費的規定，都會依照「年繳」、「半年繳」、「季繳」與「月繳」分別訂定不同的標準。

在傳統壽險的年繳、半年繳、季繳及月繳保費上，金額是完全不相同的。簡單來說，半年繳保費是年繳保費的 0.52、季繳是年繳保費的 0.262、月繳是年繳保費的 0.088。也就是說，如果保戶採「月繳」保費的方式，一年總繳保費，會比年繳保費還要多（0.088X12=1.056）。

表 1-17 目標 vs. 超額保費的差別

	定義	費用率	是否需符合門檻法則
目標保費	除了變額萬能壽險保單，當保單帳戶價值，足夠支付保戶當年度年齡、性別、保額的危險保費時，可以選擇「暫時不繳」外，其餘目標保費必須定期固定繳交。	根據金管會的規定，前 5 年最多收 150%。	必須符合（但可享有「身故保險金不列入被保險人遺產中計算」的優惠）。
超額保費	可以定期或不定期（彈性）繳交	一般都是單一級距收費，有的，則會依照金額高低，採級距方式收取。例如 100 萬元以下收 4.5%，超過則收較少的費用率。	可不用符合（屬於投部分，但日後這部分金額，不能享有「身故保險金不列入被保險人遺產中計算」的優惠）。

但這種情形在投資型保單上頭，可是不會發生的。也就是說，保戶如果採「月繳」保費的方式，每月所繳保費，就是年繳保費除以 12（半年繳是年繳的 1／2、季繳是年繳的 1／4）。

以「分期繳費」中的「年繳」最低保費為例，目前各張保單最低保費，約從 1 萬 2,000 元開始起跳，最普遍的標準是設在「年繳 2.4 萬元」（少數拉高到 3.6 萬元）。當然，如果是「躉繳」或「彈性繳」的變額萬能壽

險，最低保費可從 10 萬到 30 萬元起跳。在大多數狀況下（指變額壽險），最低保費差不多就是「目標保費」，也是保戶實際所繳最低保費。

為什麼這樣說？這是因為變額萬能壽險有「保費 - 保額固定」（簡稱「保額固定」）及「保費 - 保額區間」（簡稱「保額區間」）兩種類型。每張投資型保單在銷售前，都是經過壽險精算師根據多項假設，訂出相關費率（危險保費、附加費用率、保單行政管理費用⋯⋯），以及「保額」與「目標保費」間的關係，目的無非是做為保險公司，向保戶收取保費（附加）費用率的依據（業務員銷售保單的佣金收入，則是來自於目標保費這一塊）。

之前曾經提過，「目標保費」是指要保人在投保當時，自行訂定的「每年預計繳交保費」。但一般來說，不得低於保險公司所規定的「最低保費」。因此，只要是同一性別、年齡及投保金額的保戶，同一張變額壽險保單所規定的「目標保費」也是固定的。但是，這種情形在變額萬能壽險中，卻有完全不同的設計架構。

因為看似保額與保戶所繳的「目標保費」之間，是有一個固定（或是一定區間）的密切關係，卻不是那麼自由地，完全由保戶單方面來決定。所以在市面上，變額萬能壽險就出現了「保額固定」與「保額區間」型保單的區別了。

以「保額固定」型保單為例，其特色是「保額－保費固定」。也就是說，同樣性別、年齡及投保金額，所對應的目標保費繳費金額是固定的；至於「保額區間」型保單，其特色是「保額－保費區間」，也就是同樣性別、年齡、投保金額所對應的保費，會落在一個區間之內。也就是說，保戶同樣繳交相同的保費，但在設定投保金額時，將會是一個「區間值」，

而不是固定的數字（反之亦同，同一繳費金額之下，「保額區間型」所對應的投保金額，也會是一個區間，而非固定的投保金額）。

以 30 歲的男性為例，如果同樣繳交最低 24,000 元的目標保費，甲公司的變額萬能壽險換算下來的保額，大約是 82 萬多元；但乙公司的變額萬能壽險保額，卻可以落在 696,000-264,000 元之間。

以上的甲公司保單，就是「保額固定型」。也就是說，保戶要繳多少「目標保費」，他就只能買到一個固定的保額，不能多也不能少，並不是真的那麼彈性地由保戶「自由決定」（簡單來說，它就跟「變額壽險」沒啥差別，只是多了可以讓保戶「彈性繳費」的功能而已）。至於乙公司則是「保額區間型」的保單，儘管保戶可以在這個區間內購買所需要的保額，但事實上不能超過或低於此一區間的上下限。

實際以（表 1-18、表 1-19）來舉例來說，假設一位 25 歲男性的社會新鮮人，要投保「保額區間」型的變額萬能壽險，他設定的「目標保費」是「年繳 2.4 萬元」，那麼，他的「最低投保基本保額（參考表 1-18）」就是 84 萬元（2.4x35=84），而他的「最高投保基本保額（參考表 1-19）」就是 360 萬元（2.4x150=360）。

表 1-18 初年度最低基本保額投保倍數表

年齡	男性	女性
15 足歲至 20 歲	40	45
21 ～ 30	35	40
31 ～ 40	30	35
41 ～ 50	25	30
51 ～ 60	20	25
61 ～ 65	15	20

表 1-19 最高基本保額投保倍數表

年齡	男性	女性	年齡	男性	女性
15 足歲至 20 歲	175	225	46	60	80
21	170	215	47	60	75
22	165	210	48	55	75
23	160	205	49	55	70
24	155	200	50	50	70
25	150	190	51	50	65
26	145	180	52	45	65
27	140	175	53	45	60
28	135	170	54	40	60
29	130	165	55	40	55
30	125	155	56	35	40
31	120	145	57	35	40
32	115	140	58	30	40
33	110	135	59	30	35
34	105	130	60	28	35
35	100	120	61	25	25
36	95	115	62	24	25
37	90	110	63	22	25
38	85	105	64	20	25
39	80	100	65	18	25
40	75	95	66	16	18
41	75	95	67	16	18
42	70	90	68	14	18
43	70	90	69	14	16
44	65	85	70	13	16
45	65	802			

註 1：基本保額計算公式：
最高投保基本保額 = 年繳化目標保險費 × 最高基本保額投保倍數（上表）。
最低投保基本保額 = 年繳化目標保險費 × 最低基本保額投保倍數（上表）。
註 2：保人可於最高投保基本保額與最低投保基本保額限制內，自行決定基本保額。

　　讀者如果想要了解自己買的變額萬能壽險，到底屬於哪一種（「保額─保費固定型」或「保額─保費區間型」）？可以看看保單契約條款裡，是不是有「初年度最低基本保額投保倍數表」，以及「最高基本保額投保倍數表」？如果有，就是屬於「保額─保費區間型」的保單。

　　假如是變額壽險，因為保戶所繳保費，是固定跟著購買保險金額而走（讀者可以把它想像成傳統壽險那樣，買多少保額，保費就要繳多少），所以，如果保戶選擇「只繳最低保費」，那這筆錢，就是保戶的「目標保費」。以上例「最低繳費 2.4 萬元為例」，這位保戶的目標保費就是 2.4 萬元。假設他想多投資一些，決定每年繳 3.6 萬元的保費。那麼，2.4 萬元就是目標保費、1.2 萬元就是所謂的「超額保費」。

目標保費有可能降低嗎？

　　有些購買投資型保單的人，不見得一定會調降保額，卻常覺得原本所設定的目標保費太高。由於目標保費愈高，前幾年所扣的費用成本也愈多，就代表著自己所繳的保費中，能夠用在投資的金額就不多。因此有不少保戶正打著「將原先較高的目標保費調降一些，讓投資金額能夠提高」的如意算盤。

一般來說，只要保戶覺得原先業務員所設定的目標保費太高，第二年可以要求業務員將目標保費調降。但是，投資型保單保戶應該注意的是：不是每一張投資型保單的目標保費，都可以在第二年之後調降。目標保費無法再降的情況有兩種，一種是保戶的「目標保費」低於「每期最低應繳保費」。以某家公司的變額萬能壽險規定來說，30 歲男性的投保金額，必須是「目標保費」乘以 29 ～ 110 之間。

假設這位保戶買了這家的保單，並且將投保金額訂在 100 萬元，那麼，他的目標保費區間就只能在 9,100 元～ 34,500 元之間。由於該保險公司訂出每年最低所繳保費，不得低於 24,000 元。因此，就算依上述公式的計算出來的目標保費，最低可到 9,100 元，但還是無法在第二年調降目標保費（如表 1-20 之狀況 1）。

另一種狀況則是：原先保險業務員就已經替保戶設定出最低目標保費，那麼，就算保戶還是覺得目標保費比其他公司的還要高，也是不能在第二年要求調降目標保費（如表 1-20 之狀況 3）。

表 1-20 並非每張投資型保單，都能在第二年調降目標保費金額

	公司目標保費規定	原先設定的目標保費	可否調降目標保費
狀況 1	9,100 元～ 34,500 元	24,000 元	不可以再調降
狀況 2	9,100 元～ 34,500 元	30,000 元	可以調降至 24,000 元
狀況 3	29,000 元	29,000 元	不可以再調降
狀況 4	29,000 元	50,000 元	可以調降到 29,000 元

註：以上假設都是 30 歲男性，投保金額 100 萬。

什麼是「彈性繳費」？它跟「躉繳」與「分期繳」有何不同？

　　一般保戶會聽到投資型保單有三種繳費方式，分別是「躉繳」、「期繳」與「彈性繳費」。

　　躉繳是指一次繳費後，就不用再繳趣期保費，這一般都出現在變額年金險保單的繳費方式上；至於「期繳」，又稱「分期繳費」，是指固定在每年、每半年、每季或每月繳費，而且保戶每期繳費的頻率與金額都是相同。

　　至於彈性繳費，理論上這是「變額萬能壽險」才具有的繳費特色，意思就是，保戶可以有錢就繳，沒錢（前提是：保單帳戶內的價值足夠支付保單相關的費用）也可以不繳。除了頻率可以不固定外，保戶每期所繳的金額，也可以是變動而非固定。

表 1-21 三種繳費方式的比較

	躉繳	期繳（分期繳費）	彈性繳
繳費頻率	不固定	固定	不固定
繳費金額	固定	固定	不固定

　　目前，只有變額萬能壽險保單，才開放讓保戶選擇「彈性繳費」，購買變額壽險與變額年金的保戶，只能從「躉繳」與「分期繳」的保單中進行選擇，卻不能像變額萬能壽險的保戶一樣，享有「有錢就繳、沒錢就停」的「彈性繳費」功能。

　　很多讀者經常問我：躉繳、分期繳與彈性繳之間，到底有何差別？其

實，這三者在繳費實務上還是有明確區分的。期繳就跟傳統保單的繳費情形是一樣，除非保戶不想要這張保單所提供的保障，否則從第一天繳費開始，就得乖乖地每期繳費（主要是指「目標保費」而言，假設是「超額保費」，則原本就具有「想繳就繳，不想繳就不繳」的彈性）。

至於躉繳繳費，它本來就是只繳一次保費，沒有之後的分期繳費問題，所以，過去有很多保險業務員，都把這種「繳一次保費後，不用再繳續期保費」的「躉繳」方式，稱為「彈性繳」。但嚴格來說，「彈性繳」主要是指專屬於「（變額）萬能壽險」的「彈性繳交保費」特色。

過去，會採用「躉繳」保費型態的保單，都是「變額年金險」，至於變額壽險或變額萬能壽險，幾乎都是「期繳」的天下。但是在商品市場區隔化之下，有的保險公司也推出「彈性繳（躉繳）」的保單。

所以，從廣義的角度來看，也只有以下兩種情形，可以算是「彈性繳費」：其一是變額萬能壽險的保戶，在保單帳戶價值，足夠扣取危險保費時，可以暫停繳交保費；其二則是購買變額壽險及變額萬能壽險的保戶，所繳的「超額保費」。然而值得注意的是，超額保費也同樣有分「定期繳交」及「不定期繳交」兩種。只有後者，才符合所謂的「彈性繳」定義。

如何處理暫停繳費後的「再繳費」？

變額萬能壽險的最大特色就在於：當保戶「分離帳戶」中的「保單價值」，可以支付當年度保戶的危險保費時，保戶就可以選擇「彈性繳費」，並且讓保單進入「緩繳期」。只不過，當保戶要開始繳交保費時，當年度目標保費該用哪一種附加費用率來計算，每一家保險公司保單的處理方式

就不太一樣。一般來說，保戶開始繳費時，目標保費到底要扣多少附加費用率，會有兩種不同的方式，一是「保費年度」，一是按「保單年度」。

以採用「保費年度」方式的保單為例，如果是保戶在第一年繳費之後，第二年選暫時不繳保費，到第三年開始繳交保費時，目標保費必須適用第二年（40%）的較高附加費用率。

但如果是採用「保單年度」的保單，保戶開始繳費時，目標保費只需要適用第三保單年度的附加費用率（20%）即可。因此簡單來說，隨著「前高後低」的附加費用率抽取模式，購買變額萬能壽險的保戶如果選擇採「保單年度」的保單，是較為有利的（請見表 1-22）。

表 1-22 保戶曾停繳一年保費，待重新繳費後，適用的附加費用率大不同

	第一年	第二年	第三年	第四年	第五年
	60%	40%	20%	20%	10%
「保費年度」方式	正常繳費	選擇彈性不繳保費	開始繳費時，目標保費適用「第二年（40%）的較高附加費用率。	選擇彈性不繳保費	開始繳費時，目標保費適用「第三年（20%）的較高附加費用率。
「保單年度」方式	正常繳費	選擇彈性不繳保費	開始繳費時，目標保費適用第三保單年度的附加費用率（20%）。	選擇彈性不繳保費	開始繳費時，目標保費適用第五保單年度的附加費用率（10%）。

不過，變額萬能壽險的「彈性繳費」看似方便，但事實上卻不一定對保戶「最有利」。因為當保戶想維持同樣的保額，卻不再繼續繳交保費時，保險公司就會自動從保戶的保單價值中，扣取保戶當年度年齡、性別、保額的危險保費。這是因為投資型保單的保費，完全是來自於「保單帳戶價值」，所以，唯有帳戶價值金的金額，足以支付每個月的危險成本與行政管理費，保單才不會失效。所以也有專家不忘提醒保戶：頻繁地讓自己的變額萬能壽險，動用彈性繳費的方式，將很容易因為疏忽而造成保單停效。

最後順便提一下，還有一個常聽到的說法是：有些保險業務員宣稱，投資型保單也可以 6 年、10 年或 20 年繳。事實上，這只是利用變額萬能壽險「可以彈性繳費」的噱頭，並不代表這張投資型保單，可以像傳統保單一樣，能夠在「限期繳費」之後，就取得終身保障。

當然，目前市場上，也有少數保單是「號稱 10 年或 20 年」的投資型保單。如果讀者仔細去看保單的內容及條款便可發現，它其實也不過是行銷噱頭而已。為什麼這麼說？這種「10 年繳」或「20 年繳」的投資型保單，只是設計了一個「固定、持續繳費一段時間（9 年或 19 年），以及「繳費一段時間（10 年或 20 年）後，保險公司就各返還保戶一筆「長期客戶獎賞加值金」與「投資獎賞加值金」，等於是把保戶過去所繳保費中，被扣掉的保費（附加）費用退還而已（有關「加值回饋金」的內容，請見 1-5「投資型保單的附加功能」的介紹）。

若想增加保額，只能多繳保費嗎？

投資型保單的保障，是以「保單帳戶價值高低」為標準。一般來說（特別是以「保障依保額或保單帳戶價值較高者」計算的甲型保單），如果保戶的保單帳戶價值金額較高，保險公司承諾給保戶的保障金額就相對較低，因此從拉高（加買）保額的難易度上來看，投資型保單的保戶是比傳統壽險的保戶來得容易些。

但值得注意的是，首先，一般只有「具有保障功能」的變額壽險及變額萬能壽險，才有所謂「增加保額」的問題。至於多數變額年金險，因為功能不在壽險保障，而在於退休金的準備及提供，因此，如果你買的是沒有壽險保障的變額年金，根本就無法增加保額！

其次，並不是所有投資型保單，都可以「非常彈性」地調整保額。除了只有變額萬能壽險才有這個功能外，也不是所有投資型保單都可以「免體檢增加保額」，同時又不必要多繳保費。變額壽險跟傳統的終身壽險是一樣的，假使保戶想調高保額，除非保單中有特別規定（例如在結婚、生子等時間點，更夠免體檢增加保額一定比率）外，想要調高保額，一是須要體檢（當保額超過一定金額以上時），另一個則是必須補繳保費。例如保戶買的是變額壽險或是「目標保費」與「保額」之間關係固定的變額萬能壽險（保額固定型），那麼，保額一旦調高，肯定會造成目標保費的調升。

但是，假設是「保額區間型」的變額萬能壽險，就不是那麼確定了。因為區間型變額萬能壽險的保額，只要落在規定的上下限區間以內，保戶都可以隨意調整，差別只在於「保額調高後，分離帳戶內將會多扣一

些危險保費而已」，並不會影響原訂的目標保費金額多寡，更不必強迫保戶拉高每年總繳保費。

實際以下表為例。假設一個 30 歲男性之前買的是甲公司（保費固定型）保單，由於保額增加了 100 萬元，他就必須將每月目標保費由 24,000 元，增加到 48,000 元。假設年繳保費預算不變（例如同樣是 10 萬元），目標保費增加 24,000 元，就等於超額保費減少 24,000 元，這也意味著：前 N 年隨著目標保費而收取的成本，也將會隨之提高。

假設他買的是乙公司（保費區間型）保單，第二年想要提高保障到 200 萬元時，目標保額仍維持在 2.4 萬元；但如果買的是甲公司的保單（保額固定型），當年度的目標及保費，就要拉高到將近 5 萬元。以上我花了一些篇幅談「保額固定型」與「保額區間型」的差別。讀者一定有疑問：「我要搞定這兩者的差異？這對我有何幫助？」其實有的，因為它會涉及第二年能不能調降保費？或是第二年調高保費後，需不需要多繳目標保費？

表 1-23 不同類型的變額萬能壽險，在調高保額時，目標保費與超額保費間的差異

	保額固定型保單	保額區間型保單
年繳 2.4 萬元的對應保額	100 萬元	100-200 萬元
保額設定在 100 萬元時	目標保費：2.4 萬元 超額保費：7.6 萬元	目標保費：2.4 萬元 超額保費：7.6 萬元
保額增加到 200 萬元	目標保費：4.8 萬元 超額保費：6.2 萬元	目標保費：2.4 萬元 超額保費：7.6 萬元

註：以上是以 30 歲男性，年繳保費 10 萬元為假設案例。

表 1-24 投資型保單的各項費用、定義

名稱	定義
保費（附加）費用	保險公司為了支付業務員佣金，以及各項管銷費用時所扣的成本，是指保戶所繳保費，在進入分離帳戶之前，所會扣除的費用。一般定期繳費的投資型保單，都會依照「目標保費」與「超額保費」名目的不同，而收取不同的費率。至於躉繳保費方式的保單，通常只會抽取約 3% 左右的保費（附加）費用率。
保單行政或管理費用	保險公司為維持每月寄送對帳單等相關服務，所收取的費用，只要是前收型投資型保單，就只收取一筆「保單行政費用」，多數是「每月收 100 元左右」，少數則會依照保單價值的一定比率扣除。 如果是後收型保單，除了上述「保單行政費用」外，有的保單還會「按保單帳戶價值一定比率（通常是按月收取，一年大約要收到 1.5～2%，有的保險公司只收第一年，但有的可以收到 4 年）」，收取名為「保單行政」或「保單管理」的費用。
轉換費用	保戶轉換投資標的時的費用，也就是保戶在「一定次數內（通常是一年不超過 4～6 次）」轉換投資標的時，保險公司都會提供免費的優惠。假設保戶超過此一次數，每次轉換就會被收取約 500 元的轉換費用。
解約費用	保戶降低保額時的費用，解約等於是「降低原先投保金額」，例如原先保額是 100 萬元，部分解約是將保額降為 90 或 80 萬元。與轉換費用相同，多數保險公司都會提供保戶，「每年部分解約次數不超過 4～6 次」，或是「解約金額不超過價值一定比率」，保戶就不用額外付費。
部分提領費用	保戶在不降低保額的前提下，將保單價值領出來使用時的費用，（部分）提領只是從保戶保單帳戶價值中，提領部分金額出來，而原先的保障卻不變。目前有提供部分提領功能的保單，也會提供保戶一定的優惠。例如：「每年提領次數不超過 4～6 次」，或是「提領金額不超過價值一定比率」，保戶就不用額外付費。

註：此以新台幣計價保單為例。

附註
保費（附加）費用率在不同公司的契約條款上，名稱並不統一。常見的有「保單附加費用」、「基本保費費用」、「前置費用」、「（初年度最低）保險費用」等。「保費（附加）費用率」並不等於「保費（附加）費用」，因為「保費（附加）費用」是「保費（附加）費用率」乘上一定金額後的數值。因此，決定投資型保單「保費（附加）費用」高低的關鍵，一是「保費（附加）費用率」的高低，另一項則是「目標保費」或「超額保費」的多寡。
有的保險公司會只收前幾年，並逐年遞減；曾有保險公司是年年收取；有的則會提供「高保費（通常超過 300 萬元）免收」的優惠。
也有少數公司提供「不限次數轉換」，或是「第二個工作天進行轉換要收費，但下一個月份轉換不收費」的優惠。
一般來說，前收型保單，就不會再收解約費用，至於後收型保單，通常投保後的 4 到 5 年，會收最高 6～7%（第一年，之後會逐年降低）的解約費用率，之後則不再收取。
一般來說，前收型保單，就不會再收部分提領費用。但後收型保單，多數在收解約費用（一般是投保後的 4、5 年內，各家規定不同）的期間，都會比照「解約」的方式辦理（也就是要收「部分提領費用」）；等過了「收取解約費用」的期間，保戶通常可享有「每年部分提領 4～6 次免手續費」的優惠，但超過次數，則會收「每筆 500～1,000 元（美元保單約為 30 美元）」的部分提領費用。 另外，有些保險公司並不提供（部分）提領的功能，也就是說，保戶只能選擇「部分解約」，而沒有「部分提領」的權利。

　　一般來說，前收與後收型投資型保單的收費方式，並不太一樣（請見表 1-25、表 1-26、表 1-27）。對保戶來說，以上各項費用收得越多，保戶所繳保費進入「分離帳戶」內的金額也就會越少。所以，民眾在購買投資型保單之前，必須先了解自己到底被收了多少費用，才能讓自己立於不敗的地位。

表 1-25 前收型 vs. 後收型投資型保單的收費

	前收	後收
（分）期繳	保費費用（目標保費前 5 年共收 150%，超額保費一般收 3～5%）。 保單行政費用：每月 100 元。	一般不收目標或超額保費的保費費用，但也有例外。
躉繳（彈性繳）	保費費用：一般是 3～5% 保單行政費用：每月 100 元（有的保費超過 300 萬元，可以不收此費用）。 保單管理費用：按保單帳戶價值一定比例收取。	保單管理費用：按保單帳戶價值一定比例收取，有的只收 1 年，有的收 3～4 年。 解約金：第一年最高 6～7%，然後逐年遞減，一般收 4～5 年。

註：本書所指的「前收」型投資型保單，是指有收保費費用的保單；「後收」型則是指「有收前 N 年解約費用」的保單。

表 1-26 前收型 vs. 後收型保單的收費比較

費用名稱	項目	前收型	後收型	前後都收型
前置費用（保單費用或附加費用）	目標保費	○	✕	○
	超額保費	○	✕	
保險相關費用	保單行政費用	○	○	有的收，有的不收。
	保單管理費用	✕	通常按保單帳戶價值一定比率收取	○
投資相關費用	申購手續費、贖回費或其他費用	✕		
	投資標的管理費	多半只有 ETF 才收		
	投資標的經理、保管費	✕		
	全權委託帳戶管理費	有選擇此功能的保戶才收		
	投資標的轉換或部分提領費用	通常一年次數低於 4 ～ 6 次不收		
	其他：停利、自動轉換或加碼機制	視情況免收或收取（最高 1 ～ 1.5%）		
後置費用	解約費用	視不同保單而定	○	○
	部分提領費用	視不同保單而定	○	○
其他費用	例如「匯款費用」	依保單條款而定		

註：以上為通例，各家保險公司實際收取狀況不同。

表 1-27 保單的投資相關費用的計價方式

投資標的費用項目	計價方式	內含或外加
申購手續費	貨幣帳戶：無 共同基金：無 ETF：國內約 0.5%、海外約 1%	外加
經理費	無	一
保管費	貨幣帳戶：無 共同基金：無 ETF：每年約以 1% 為上限，且已反映在淨值中，不另收取。	內含
管理費	貨幣帳戶：約 0.3% 共同基金：無 ETF：每年約以 1.5% 為上限，且已反映在淨值中，不另收取。	內含
贖回費用	一般只收轉換費用，不會收取贖回費用	一
轉換費用	一般每年轉換投資標的在 4～6 次之內不收費，超過則每次收約 500~1,000 元台幣。	外加
保證給付費用	例如每年約 0.02～0.2%	外加
全權委託投資管理費用	例如每年約 0.5～0.7% 左右，但已反映在投資標的的淨值中，不另外收取。	內含
自動轉換、停利、加碼機制	視情況免收或收取（最高約 1～1.5%）	外加

註：以上為通例，各家保險公司實際收取狀況不同。

我繳的保費，都跑到哪裡去了？

目前市場上所銷售的投資型保單（包括變額年金、變額壽險與變額萬能壽險），各有不同的保費（附加）費用率。但一般來說，只有「前收型」的保單才有保費（附加）費用的收取，「後收型」保單則沒有。但是，凡有原則，便有例外。現在市場更出現一種「前、後」都收的投資型保單，也就是既收前收型保單的「保費（附加）費用」，也同時收「投保後前幾年的『解約費用』」。

值得一提的是，前後都收的保單，加總費用率不一定比單純前收或後收來得高。一般指是把單純前收或後收的保單的費用率，分成兩次來收取。

簡單來說，前收型投資型保單的運作是：先扣除一些費用之後，才會進入分離帳戶中。而後收型保單，則是保戶所繳的保費，先不扣任何費用，全數進入分離帳戶中，進行投資及扣除危險保費（變額壽險及變額萬能壽險），以及相關投資及保險的費用（保單行政管理費），而（表 1-24）即是投資型保單會收費的名目及定義解釋。

保險
停看聽

躉繳保費之後，保戶想再繳保費，一定要繳同樣的金額嗎？

雖然是所謂的「躉繳」或「彈性繳」，不代表保戶繳完第一次保費之後，就不能再增繳保費（業界俗稱為「單（次）追（加）」。只不過，每家壽險公司的做法都不相同。

有些，會直接寫在保單的 DM 上，但多數都是在核保規則裡規定，一般保戶在商品 DM 上看不到，保戶務必向業務員詢問清楚。

1-5　投資型保單的附加功能

1. 所謂「保單回饋金」，其實就是「投資收益」嗎？
2. 什麼是「附保證」型投資型保單？
3. 自動調整保額服務。
4. 自動停利、加碼或轉換機制。
5. 附約保費採「內扣式」，還是「外加式」比較好？

　　所謂「保單回饋金」，就是「投資收益」嗎？

　　答案是「並不是」！所謂的「加值回饋金（又稱為回饋金、加值金、投資回饋或加值回饋）」，就是部分保險公司在保戶持續繳費之下，提供給保戶的一種現金回饋機制。

　　為什麼會出現這種作法？因為在投資型保單附加費用率尚未經過金管會「統一」的年代，有些保單第一年的附加費用率，可能高達100%，等於所繳的保費，沒有半毛錢用在實際的投資。

　　但在新法實施之後，每一張前收型保單的保費（附加）費用率都差不多（目標保費附加費用率總計不得超過150%、實際收取年限不得低於5年，且第一年附加費用率不得超過60%），為了做出市場區隔，一些保險公司便想出跟別人不一樣的行銷手法，保單回饋金就是其中的一項。

　　保險公司之所以會推出這種保單回饋的機制，最主要目的，也是想鼓勵投資人要懂得長期投資，因為這些回饋對象，至少是持續繳交保費超過5、6年的保戶。儘管有不少家保險公司提供這樣的回饋機制，各位在進行比較時，還是要特別留意一些細節。首先，就是「計算保單回饋金的

標準」。目前，各張投資型保單的保單回饋金計算都不相同。有的是以「目標保費費用」，有的是以「目標保費保單帳戶價值」，有的是以「一定期間的保單帳戶價值平均值」為基準。保戶要比較各張保單回饋金多寡時，不應只比較「回饋比率」的高低，而應該實際計算之後再做定論。

其次，則是「多久以後開始回饋」？還有所謂「回饋頻率（一定年期之後，每年或每隔一段時間回饋一次）」與「回饋金額（分平準與遞增）」的差異。

正因為加值回饋金的計算如此多變而複雜，保戶在比較各張保單回饋金多寡時，不應該只比較「回饋比率」的高低，而應該實際拿出計算機，動手計算之後再下定論。

什麼是「附保證」型投資型保單？

由於自負盈虧，投資型保單的保戶，未來有可能會面臨保險給付因為投資連年虧損而不符當初預期，或是個人實際需要的情形。為了化解這一層憂慮，保險公司順勢推出「附保證」型的投資型保單。

簡單來說，這種保單就是幫保戶的投資「掛保證」，讓保戶能夠擁有一定的保險給付。之前，市場上附保證機制的保單，都是屬於變額年金險，其中，又分為以下五種不同的型態：

一、保證最低身故給付（Guarantee Minimum Death Benefit，GMDB）：提供在一段期間之內（例如年金累積期間），身故保險金不低於簽單當時與保險公司約定的金額。一般變額年金險在年金累積期間，都沒有壽險的保障，一旦保戶在年金累積期間身故或失能，保險公司只

會退回總繳保費，沒有身故、失能保險金（因為只有身故保險金，才可以因為不計計入被保險人遺產之中，而有一定的節稅效果）。但如果有提供這項批註條款的變額年金，保戶就會有一個「保證最低身故給付」金額。

二、**保證最低滿期金額**（**Guarantee Minimum Mature Benefit，GMMB**）：也就是保險公司承諾在保證期屆滿時，會提供被保險人最低收益率保證一當保單滿期時，保險公司保證保戶絕對能拿回一定的金額。一般是以「保證金額與當時保單帳戶價值較高者」做為保證最低滿期金額。至於保證金額，通常是以一定的保證利率「年複利增值」而成。

三、**保證最低年金金額**（**Guarantee Minimum Income Benefit，GMIB**）：在帳戶累積期間屆滿，並且轉化為年金給付的時候，提供被保險人不低於「事前約定保證數額」的年金給付。

四、**保證最低提領金額**（**Guarantee Minimum Withdraw Benefit，GMWB**）：提供在帳戶累積期間，自一定保單年度起，要保人可以「定期提領」部分的保單帳戶價值，一直到約定年齡或約定年數為止，或是約定總提領金額保證，不低於某一數額。換句話說，就是保險公司會提供保戶一段「保證提領期間（年期）」。這與一般年金保險「保證給付期間」最大的不同在於：「保證最低提領金額」是在「年金累積期」中的給付；而後者則是指在「開始領取年金」之後。

五、**保證最低累積帳戶價值 Guarantee Minimum Account Benefit，（GMAB）**：有點類似「保證最低提領金額」，這是在約定的帳戶累積期間或屆滿時，保證保戶的帳戶價值不低於約定金額，或是按照一定的公式計算金額。

根據業者的說法，過去在金融海嘯時期，有不少家保險公司推出「附

保證給付」的投資型保單。但是，隨市場景氣好轉，因這類保費較高，保戶投保意願低，保險公司也紛紛停止銷售。一直到 2010 年中，由於全球金融市場的波動因為歐豬各國主權債危機而變大，壽險業者再次推出保證給付機制的投資型保單，保證保戶不會因投資失利而領不到錢。所以，又讓這種商品再度受到青睞。

然而，由於各種「保證」讓保戶眼花撩亂，再加上紛爭不少。後來為了杜絕投資型保單各種「保證」的亂象，金管會在 2021 年 3 月時祭出新規定（俗稱的「投資型保單六不新規」），所有投資型保單的「附保證給付」，就只能推出「身故保證（GMDB）」類型。

也就是說，其他 4 種一保證最低滿期金額（Guarantee Minimum Mature Benefit，GMMB）」、「保證最低年金金額（Guarantee Minimum Income Benefit，GMIB）」、「保證最低提領金額（Guarantee Minimum Withdraw Benefit，GMWB）」，以及「保證最低累積帳戶價值 Guarantee Minimum Account Benefit，（GMAB）」的投資型保單，全都不准再賣了。也就是目前市場上所銷售的變額年金，只有「無身故保證」及「有身故保證」兩種之分。

自動調整保額服務

「自動隨年齡調降保額」是投資型保單的批註條款，其推出的原意，是金管會為了加強保戶的保障，自 2020 年 7 月 1 日起，要求所有新發行的投資型保單，其「死亡給付」除以「保單帳戶價值」的比率，必須符合一定的標準（即所謂的「門檻法則」）。

　　一旦有此批註條款的好處在於：不用保戶自己調整（因為保戶可能會忘了「手動」調整），而是在保戶投保時，同時勾選「自動」的批註條款，由保險公司主動幫保戶調整保額。當保戶年齡越來越高，且危險保費越來越貴之餘，保險公司會主動幫保戶調降保額，到符合該年齡門檻法則的標準，以免被收取太多的危險保費。

　　也許讀者會說，這種批註條款，又不能讓保戶的危險保費支出降為零。假設因為躉繳保單的帳戶價值持續往上，則危險保額會自動調到該年齡，符合門檻法則的保額，搞不好還有可能要多繳保費。但是至少，它能夠幫助因為忘記自己主動調降保額的保戶，讓危險保費支出降到最低水準。

自動停利、加碼或轉換機制

　　由於買了投資型保單之後，必須時常「檢視」保單投資績效的好壞，以及保單帳戶價值的多寡，特別是當保戶所買的，並不是有專家代操的類全委帳戶（但理論上，就算是專家代操的類全委帳戶，保戶三不五時，還是得關心及注意一下投資績效表現才是），或是報酬率穩定、波動率不高的長期投資標的（例如全球型或成熟市場國家的股票或債券型基金、ETF），否則，所有一切只適合波段操作的標的，都還需要常常進行「檢視」，並進行「停利」或「停損」的動作。

　　但問題是，有些保戶平日工作忙碌，有時一忙起來，很可能就錯過了大好的轉換時機；又或是保戶的投資個性不夠「決斷」，明明知道透過波段操作，可以先讓自己的獲利「落袋為安」，或是不該為「不值得繼

續投資」的標的「藕斷絲連」，卻常是遲遲難以行動。

　　為了解決以上保戶的問題，有的保險公司便推出一系列的「自動停利／自動加碼機制」，並且搭配「母子基金」的操作模式（圖1-6），幫助保戶進行紀律化的「停利」及「加碼投資」。

「*母子基金*」是什麼？對我有何好處？

　　簡單來說，「母子基金」其實是一種循環投資法，最早是由基金公司推出。它的運作模式是由投資人以「單筆申購」的方式，選擇一檔穩健且固定配息的「母基金」，同時也選擇一支能夠衝鋒陷陣、積極成長型的「子基金」。

圖 1-6 母子基金與「自動轉換」、「停利」機制結合案例

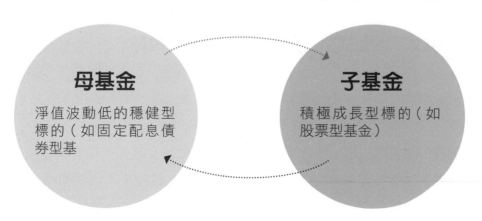

母基金
淨值波動低的穩健型標的（如固定配息債券型基

子基金
積極成長型標的（如股票型基金）

每當「母基金」產生配息時，基金公司就自動將配息，轉入投資人所指定的「子基金」中進行投資。也就是説，投資人是用「母基金」的固定配息，再配合以「定期定額」方式申購子基金。

隨著金融市場競爭日趨激烈，母子基金間的轉換，還加入了不同的「自動停利」機制，連銀行、保險公司也加入推出「母子基金」組合的戰局。也就是説，推出投資型保單的保險公司，也已經把這種「母子基金」當成保戶選項之一。不過，一般保險公司會將這種「穩健型配息母基金（有時又稱為「前置標的」，保戶可在 RR1-RR3 的基金標的中進行選擇）」，加上「積極成長型子基金（有時稱為「循環標的」，保戶可在 RR1-RR5 的基金標的中進行選擇）」的精選標的運作模式，與「自動轉換及停利」，甚至是「資產撥回（類似配息）的機制相結合。

換句話説，保戶可以透過「自動轉換機制」，將母基金的錢，定期定額申購子基金，享有「降低平均持有成本」的優點；當子基金的投資績效不錯，淨值超過保戶所指定的「停利點」之後，系統會自動執行「停利」機制，將子基金獲利轉回（或撥回）「母基金」。

附約保費採「內扣式」，還是「外加式」比較好？

由於一般人對於保險的需求，除了壽險（身故或全殘）的保障外，還有住院醫療、重大疾病、防癌及失能保障等需求。所以，保險公司多半也會同時為投資型保單，推出可附加在這張投資型保單上的不同附約。

早期，這種具有「可附加契約」功能的投資型保單還不多，而且，這些附加契約的保費全都是「外加」，也就是説，如果保戶沒有繳交主約（特

別是可以「彈性繳費」的變額萬能壽險）的保費，又忘了繳交這些附約的保費，相關的保障就會因此中斷。

後來發展出的「內扣式」保單，是指附加契約的保費，能夠直接從投資型保單的保單帳戶價值中扣除。如此一來，自然就可以免除保戶在彈性繳交保費時，附加契約卻因為忘記繳保費而失效。舉例來說，如果保戶購買一張投資型保單，最低年繳保費是 3 萬元，附加住院醫療及重大疾病險附約的年繳保費是 2,500 元。假設內扣式與外加式附約的保費相同，當保戶某一年選擇暫停繳交保費，而主約中的保單帳戶價值有 5 萬元時，外加式保單的保戶，可以彈性「不繳」投資型保單主約的保費（3 萬元），但是，仍然必須繳交附約的 2,500 元保費。

至於內扣式保單的保戶，則在彈性「不繳」投資型保單主約的保費時，也同時不用繳交附約的 2,500 元保費，而是從保戶的保單帳戶價值（5 萬元）中，直接扣取相關附約的保費。

當然，內扣式投資型保單的好處，還不只是「在保戶暫停繳費時，自動墊繳附約保費」，同樣性別、年齡、保額的內扣式附約保費，大約比傳統外扣式附約，還要便宜 20%，甚至 60% 左右。其原因是：內扣式保單的附約保費，是直接從保單帳戶價值扣款，省卻保單附加費用（保險公司的行政與發單成本）與佣金支出（給業務員或銷售通路的錢）。

儘管「內扣式」保單有以上的優點，但也有一些保險業務員卻認為：當保戶採取彈性繳費，但保單帳戶價值，卻不足以扣取附約保費時，一旦保戶忘了繳費，很可能附約都會失效，這恐怕會成為「內扣式」保單的一大缺點。但是，這也不是很難解決的困擾。因為，保戶平日可以多繳一點保費，讓附約保障不致於停效或失效。更重要的是，保險公司在

保單條效前，也有通知保戶繳交保費的義務，保戶大可不必因此，擔心附約停效或失效的問題。

投資型保單 2021 年的六大新規定

　　由於過去保險業「承諾」過了頭，金管會保險局便主動出面「喊卡」，並從 2021 年 3 月 1 日起，投資型保單如果要附保證給付，只能提供「最低身故保證」，且保證金額不得高於所繳保費。同時，過去號稱「月月配息」的類全委型投資型保單，假使要附保證給付，當基金淨值低於 80％ 時，就必須停止撥回。

　　其次，附保證部分必須依性別、年齡，收取不同保證費用，最多 5 歲一個級距，不可以像過去一樣「一率到底」；第三，投資型保單不得有立即投資的約定（即俗稱的「立投」）；第四，類全委帳戶的管理費用，必須從實際資產配置日才能開始收取，且必須是投資現金、約當現金以外的資產；第五，投資型保單不得有不停效約定；第六是萬能壽險不得有不停效約定。

　　以上，就是所謂「投資型保單的新六規」。

Chapter

2

購買投資型保單，
應有的
正確觀念

2-1 購買投資型保單的八大重點

根據「財團法人金融消費評議中心」最新的 110(2021) 年第四季 (110 年 10 月 1 日至 12 月 31 日) 申訴暨申請評議案件統計資料顯示，壽險業部分的理賠案件， 以「理賠金額認定 (佔比 12%)」為主，至於非理賠案件則為「業務招攬爭議 (27%)」。

　　按金管會之前的彙整，投資型保險商品最常見的招攬申訴糾紛樣態，主要有以下幾種：

　　一、招攬人員未告知其招攬商品是投資型保單，或費用率未揭露、中途解約金很低。

　　二、招攬人員未說明投資型保單目標保費及超額保費之配置比例。

　　三、以不當訴求進行招攬，如個人保單卻以公司準備員工退休金目的規劃。

　　四、招攬人員提供的保單內容與顧客需求不符，或以「優惠存款」、投資「基金」或「結構型債券」等名義不當招攬。

　　五、招攬人員未具備投資型保險招攬資格等。

　　其實，業務員招攬不實的原因，有可能是保險公司的招攬人員刻意隱瞞，或是沒有向保戶詳細說明，但也有可能是保戶自己本身輕忽、沒有花時間瞭解商品內容。所以，為了避免自己成為招攬不實爭議事件的主角，個人建議保戶在購買前，最好依照以下的幾項原則來購買：

　　重點提醒 1、了解不同類型投資型保單的內容、適用對象，以及自己

的真正需求。目前，保戶可以從「保險公司業務員」、「銀行理專」，以及「保經代公司業務員」處，購買到投資型保單。事實上，保戶無論從以上三種管道的哪一種購買都一樣，唯一的差別在於：商品種類略有不同。

但個人認為，不論是否被業務員主動推銷，保戶要不要買投資型保單，還是看需求。如果沒有壽險保障，或是退休規劃的需求，也根本不用刻意主動去買。而就算被推銷投資型保單，也應該從保障及退休規劃，以及個人對於投資了不了解？有沒有能力選擇投資標的的角度的思考。且就算是投資（退休規劃）需求，也不是業務員推薦某一張保單，保戶就一定要「埋單」。所以，個人還是會極力建議：在下手買投資型保單之前，一定要徹底了解自己的需求為何？如果是「重保障」，請保戶一定要參考「重保障」這一篇裡提到的重點。假設是「重投資（為退休金做規劃）」，則請一定參考「重投資」那篇的選擇重點。

由於這三種投資型保單各有其優勢與適應性，因此，投資人在購買投資型保單時，應該根據自己的投資屬性、風險承受度，以及投資標的的選擇、附加費用的高低，以及保單的附加功能來選擇。

一般來說，變額年金主要是為退休生活而準備的保單，一般建議是以年紀較大，例如 40 ～ 50 歲的準備退休族為主。不過，由於變額年金沒有稅賦方面的優惠（特別指遺產稅方面），這是有節稅需要的退休族應該特別留意的部分。至於變額壽險與變額萬能壽險，則都具有一定的節稅優點，同時又能透過部分領取帳戶價值，靈活運用帳戶內的資金。

除此之外，年紀大且保守的保戶，最禁不起投資上的虧損，所以，比較適合投資標的傾向保守、穩健的變額年金。而如果是年輕，未來可能需要隨著個人或家庭責任的增、減，而提高或減少保額的人，就適合購

買保額可以隨時調整的變額萬能壽險。至於已經有足夠的保額，不想再多買保障的人，則適合選擇投資效果較強的變額年金。

又假如是收入不穩定的打工族、SOHO 族，或者是收入依照業績高低而訂定的業務人員，也適合購買「可以彈性繳交保費」的變額萬能壽險，或是躉繳型式的變額年金。

表 2-1 不同的投資型保單，適合不同類型的人

	特性	適合對象
變額年金	附加費用率較低，加上沒有壽險保障，可以將最多的金額進行投資。	1. 有純投資需求，且想要籌措退休金的人。 2. 因為不需要平均支付危險保費，年紀大的人購買更具優勢。 3. 收入不固定的人，適合躉繳保費的保單。
變額壽險	定期定額繳納保費	單純想透過保障＋投資的功能，用最低的保費，獲得最大保障，以及能「定期繳納保費」的人。
變額萬能壽險	保額及保費都可彈性調整或繳交	收入不固定的人

重點提醒 2、要長期持有，而非短期就解約。保費的支出是長期的負擔，而且長期投資才能夠突顯時間複利的增值效果。所以，保戶切忌抱持著短期就解約的心態。這是因為投資型保單除了投資的相關費用外，還多出一筆保險相關費用。其中最主要，且費率不低的，就是「保單費用（前

收型）」與「解約費用（後收型）」。

　　一般來說，前收型保單目標保費的費用收取，至少要收個 5 年（共 150%，等於每一年的費用，平均有 30%，其實並不低）；至於後收型保單的解約金，最少也會收個 3 ～ 4 年（首年度最高也可達到 6 ～ 7%）；甚至，還有的投資型保單，是採取「前後都收」的方式。

　　儘管民眾在購買保單時，都會有 10 天的契約撤銷期。在這段期間內，如果保戶反悔，不想購買保單，等於自始至終，這張保單都沒有生效過。保險公司也必須無條件地退回保費，保戶不會有任何金額上的損失。但如果保戶投保超過 10 天之後才後悔，按照規定，保單雖然已經生效，保戶還是可以解約。只不過，保險公司必須扣除這張保單的相關成本（又稱「解約費用」），保戶只能領取扣除這些費用之後的餘額。

購買投資型保單的六大風險

　　之前曾經提到，購買投資型保單的保戶，不用擔心萬一保險公司倒閉，所投資的金額及保障會「消失不見」。所以相對來說，買投資型是要比傳統保單來得更有保障些。只不過，投資型保單仍有一些風險，還是值得保戶特別注意：

　　一、解約成本過高風險：投資型保單結合了保險與投資，因此，跟保單以及投資相關的所有風險，都會發生在購買的保戶身上。在保險部分，最主要是「保單解約成本過高」的風險，不管是前收或後收型都一樣。

　　二、保障中斷或是日後無法投保的風險：解約後拿回來的保費事小，但該有的保障也可能因為保單解約而中斷，萬一發生意外，或是身體健

康變差，日後想再買保險都會變得困難重重，不論是被保險公司加費，或是拒保等情況都極可能發生，建議三思而後行！

三、**中途提前贖回風險**：贖回風險，又可以稱為「解約風險」。一般來說，當要保人在契約有效期間內，申請部分提領或解約時，投資標的如果是國內外共同基金時，由於其流動性佳，通常贖回基金時，不太會有折價的情形。

然而，假設投資標的流動性不佳（例如債券）時，持有的債券易受到利率變動，或其他因素而影響其次級市場的價格。導致經由此贖回動作，而退回的保單帳戶價值，可能有低於原始投入金額的風險。

四、**匯兌風險**：由於目前各家壽險公司的投資型保單，連結的標的眾多，不僅涵蓋了各種類型的股票、債券型基金，在資產配置的觀念下，也做到「以不同幣別計價」的分散目標。

然而，當投資人跨國投資之後，在既有的各項投資風險之上，就必須增加一項「匯率風險」，特別是當保單計價幣別，與投資標的的貨幣幣別不同時，就會產生匯兌風險。有時以原幣別計價的投資收益，可能獲利狀況不錯，卻因為匯兌上的損失，讓整體投資由原先的「大賺」，變成「不賺不賠」，甚至轉為「大虧」。

五、**轉換費用風險**：雖然大多數投資型保單並沒有贖回或部分提領的費用，但是還是有些公司仍存有這類的收費標準，不可不慎！

六、**投資相關風險**：除了保險相關的風險之外，由於投資型保單的的連結標的包括了共同基金（股票或債券）、連動債與 ETF 等，所有與投資相關的風險，保戶也一個都躲不掉。

不管是投資共同基金、債券或 ETF，保戶最主要面對的就是市場風

險，也就是「買價高於賣價」的投資虧損。就投資學的講法，市場風險是投資人無可分散的風險，但卻可以透過不同市場之間的關聯性高低（因為各個市場不太可能齊漲齊跌），讓自己的整體投資收益，儘量做到「獲利最高，風險最低」。

事實上，投資績效不佳，是真的會讓投資型保單的保障縮水的。因為不論你買是屬於甲型（以保額或保單帳戶價值較高者計算）或乙型（保額＋保單帳戶價值），保戶未來能夠拿到多少的保障，或是帳戶內有多少價值可供自由運用，都與這張保單所連結標的的投資報酬率息息相關。

整體來說，與「投資」相關的風險，會有以下幾種（內容來自於投資型保單的商品說明書）：

一、價格風險：投資型保險連結標的中，最常見的是共同基金、指數股票型基金等商品，由於其市場價格，會受到金融市場發展趨勢影響、全球景氣、各國經濟與政治狀況等影響，也就是說，該類商品價格是波動的，因此當價格下跌時，保戶將遭受投資損失。而這部分的最大損失，可能是投資本金的全部。

二、利率風險：固定收益證券的價格，直接受到市場利率波動而產生反向變動。當市場利率下降、證券價格上升，保戶會有投資利得；反之，當市場利率上升時，證券價格下跌，保戶將會產生投資損失。其中，特別是高收債商品，受利率風險的影響最大。

三、信用風險：當投資標的的發行機構發生財務危機時，投資人有可能求償困難。因此，為了降低投資人遭受這種信用風險的可能性，監理單位在「投資型保險投資管理辦法」第13條就規定：投資型保險投資標的只限於以下幾種：

（1）各國中央政府發行之公債、國庫券。

（2）銀行發行之金融債券。

（3）公開發行之有擔保公司債，或經評等為相當等級以上之公司所發行之公司債，或外國證券集中交易市場、店頭市場交易之公司債。

（4）金融機構發行或保證之結構型商品。

（5）美國聯邦國民抵押貸款協會、聯邦住宅抵押貸款公司及美國政府國民抵押貸款協會所發行或保證之不動產抵押債權證券。

　　且上述投資型保險投資標的，必須經由主管機關認可的信用評等機構，評等達一定等級以上，才可以開放給保戶進行投資連結。

　　四、流動性風險：投資連結標的所投資的部份國家或地區，也可能會因為證券市場尚屬初期發展階段，或政經環境較不穩定，而產生流動性不足的風險。此外，部份市值較小的投資標的，也有可能因為欠缺市場流動性，導致投資標的無法適時買進或賣出，進而造成實際交易價格，與標的資產本身間產生一定的價差，相對影響基金的淨值，甚至會延後買回價金的給付時間。例如今（2022）年俄烏戰爭開打之後，基金公司及金管會因為考慮流動性問題，宣佈暫停 16 檔相關境外基金的申購及贖回。

　　五、類股過度集中之風險：商品所投資之標的雖經挑選分散適合之基金組合，但仍不排除存在類股過度集中之風險。

　　六、產業景氣循環風險：受產業景氣循環波動特性的影響，當產業景氣趨向保守時，企業盈餘及成長性將受到抑制，連帶牽動股市表現，可能影響基金表現。

　　七、通貨膨脹風險：通膨降低金錢的價值，因而減低基金的未來投資

回報的實質價值。

八、投資地區政治、經濟變動風險：全球政治情勢、經濟環境及法規變動，也將對基金所參與的投資市場及成份股投資的報酬造成影響。

九、信貸風險：基金的價值，受到因相關投資信貸能力變動而產生的風險影響。

十、投資新興市場風險：新興市場一般為比較貧窮或發展程度較低的國家，其經濟或資本市場發展水平也較低，使得股價及貨幣匯價波動較大。

十一、清算風險：當本商品連結的基金或投資帳戶規模低於一定金額，不符合經濟效益時，該標的即終止並將進行清算。

十二、法律風險：投資標的是發行機構依其適用法律所發行，其一切履行責任是由發行機構承擔，但要保人必須承擔因適用稅法法令或其他法令變更所致的稅負調整、變更，以及其權益發生變更的風險。舉例說明：投資標的可能因所適用法令的變更而導致無法繼續投資、不能行使轉換或贖回之權利、或不得獲得期滿給付等情事。

十三、其他投資風險。

重點提醒 3、切忌對投資型保單產生不切實際的想法。並且在正式投入前，一定要徹底了解清楚它的各種風險。投資型保單雖然是結合「保險」與「投資」的商品，但它畢竟還是保單的一種，千萬不要對投資型保單抱持著「它完全可以當做投資工具操作」的不切實際想法。

特別是每一張投資型保單的設計內容與費用，都有滿大的差異。一般大眾在購買前，應該特別了解清楚，所繳的保費之中，到底有多少比率是用於投資？或是扣除附加費用、危險保費？日後才不致於目標與預期

不符而失望。

　　重點提醒 4、確定瞭解所買商品的內容，包括目標保費與超額保費的
費用結構、投資連結標的、相關費用的收取，以及可連結標的等項目。
如果看不懂，務必請業務員或保險公司解釋清楚。

　　最好請各不同家的業務員，分別列出各家保單 20（或 30 年）的保費
（附加）費用率。然後選擇總附加費用率最低的那個。不過值得注意的
是，這項標準僅限於「前收型」保單，並不包括「後收型」保單。此外，
也順便請業務員做一份包括了「-5%、0% 及 +5%」預期投資報酬率的試
算表，供自己參考、決定。

　　重點提醒 5、不論是為了投資或退休規劃之用，標的選擇正確很重要。

　　近幾年，各壽險公司推出的投資型保單，普遍吹起一股「類全委保單」
的風潮，號稱選擇「類全委帳戶」的保戶，可以享有「投資專業機構代操」
的優勢。

　　然而，保戶通常忘了，類全委帳戶並無法「保證獲利」，而且，仔細
比對各壽險公司推出類全委保單的不同帳戶內容，除了發行幣別不同外，
包括股債比（例如股債各半）、投資區域（例如專門投資在台股，或是
佈局全球）在內的投資策略（有些只能做多，有的則是多空皆做），也
有滿大的差異。

　　個人曾經再三提醒：選類全委帳戶，其實選的是代操機構的投資策略，
以及個人對此是否認同，或是個人需求是否與代操策略相符？

　　舉例來說，假設是已經退休的保戶，希望獲得穩定資產撥回的現金
流，選擇「穩定配息」投資策略（例如 RR2、RR3）的類全委帳戶，當
然比較容易達到個人的期望與需求。但是，假設是進行長期退休規劃的

保戶，不但不適合選擇資產撥回的類全委帳戶（配息型），還應該選擇「撥回再投資」的「累積型」，且是投資策略應該更為穩健，甚至積極（RR4）的類全委帳戶。

保戶千萬不要以為，選擇「固定撥回（類似基金的固定配息）」的類全委保單，或是直接選擇「月配息基金」，就真的可以讓自己「高高興興地每期領取高配息」。

虧錢保單的三大特色

如果仔細分析許多投資型保單的保戶之所以虧錢的特色，不外乎以下幾種類型。

之前，曾經有位朋友託我，幫她看看她父親大約十年前陸續買的幾十張，至今幾乎「全都大虧」的投資型保單，並且著急又不甘心地問筆者：「該怎麼辦？是要認賠解約？還是只能繼續擺著」？

筆者實際看了一下這位朋友父親的保單，這十年來總繳保費差不多是 600 萬元左右，但目前包括過去已領配息，再加上現在解約後的解約金（300 多萬元），再把這十年買投資型保單的相關保險費用扣掉，大約只能拿回近 500 萬元。

乍看起來，這好像是一起「想投資，卻錯買到投資型保單，因為保單收取太高的費用成本，所以導致保戶帳戶虧損」的案例。但當筆者再進一步，檢視這位朋友父親幾十張保單所連結投資標的之後才發現，大虧的原因除了與保單收費有關（保單成本大約就佔了投保本金的 14%）外，還在於：保戶根本選錯連結標的。因為，他選擇了自以為「保守穩健、

高固定配息、高利率外幣」的「高收債基金」，扣掉匯損後的年化報酬率，甚至還不如當初老老實實存銀行台幣定儲。

當然，上面這位朋友的父親所買的，是含有壽險保障的變額萬能壽險，假設不幸身故，大約可以領到約 600 多萬元的身故保險金。但是前提必須是：被保險人身故。而以當事人總繳 600 萬元的保費，才換得 600 萬元多一點的身故保險金，當初也不如買一張傳統壽險，保費還不用花到 600 萬元。

個人挑選朋友父親所買的數十張保單中，重複購買檔數最多，且虧損最大的，大約有 5 檔基金（請見下表 2-2）。雖然 5 檔中，有 4 檔標的加計配息後，「看起來」是「賺錢」的，但以「投資 7 ～ 10 年」來算，等於還原淨值的累計報酬率，最高也不過 86.2%。

反過來以這位保戶最初投保的 2011 年 7 月為例，當時台股 0050 ETF 的淨值是 60.2300，到 2021 年 11 月 11 日的淨值，已經來到了 139.5700，這段期間單單是淨值的報酬率（不含配息）就有 131.73%，年化報酬率至少有 8% 以上。

更慘的是，這位朋友父親近十年「看似有賺」的績效，一但把匯損因素加進去（因為外幣總是得換回台幣，包括每月的配息），所有投資結果瞬間變得「非常難看」。也難怪這位朋友，忿恨不平地向我表示，他父親當初「根本就是被銀行理專所騙」。

表 2-2 保戶最賠錢五檔投資型保單連結標的績效表現

境外基金	投資期間	還原淨值累計報酬率	該幣別對新台幣匯率變化	加入匯率因素後的累計報酬率	加入匯率因素後的年化報酬率
XX 美國收益基金（月配息）澳幣避險	約 10 年	60.7%	-34.0%	6.1%	約 0.6%
XX 全球高收益債券基金（月配息）澳幣避險	約 10 年	63.3%	-34.0%	7.8%	約 0.76%
XX 環球股息基金（澳幣避險）月配固定配現金	約 7 年	25.6%	-27.5%	-9%	--
XX 環球股息基金（美元）月配固定配現金	約 7 年	30.1%	-7.1%	20.9%	約 2.75%
XX 全球高收益債券基金（穩定月配）南非幣避險級別	約 7 年	86.2%	-35.2%	20.6%	約 2.71%
0050 ETF	約 10 年	131.73%（未包括配息）	--	131.73%（未包括配息）	約 8.76%

說明：以上累計報酬率及匯率變化，都是以投資期間的數字。

資料來源：（Moneydj）

虧錢特色 1、買錯保單

仔細分析這位保戶，所投資的 5 檔「最差勁投資標的」內容，都具有以下幾大買投資型保單會「虧錢」的共同特色。簡單來説，當事人在「選錯保單」上遇到的第一個「地雷」，就是選到了保單費用很高的標的；至於第二個「地雷」，則是選了有壽險保障的變額萬能壽險。

一般投資型保單的費用包括「單純保單的費用（主要與帳戶及投資有關）」，以及「危險保費（主要是變額壽險，或是變額萬能壽險才會收取）」兩大類。

目前投資型保單會收取的費用，主要有「保費費用」（主要是前收型才收）、「保單帳戶管理費」、「解約費用」（主要是後收型才收）、「部分提領／贖回費用」、「投資標的轉換費用」等。而類全委保單，則會再多收一筆「類全委（代操）費用」及「類全委保管費用」。但以上各種費用，有的會全收，有的則是不收，或是只在前幾年收取，且收取標準都各不相同，還有「前收（先扣除保單成本後，再進入帳戶進行投資）」與「後收（先不扣保單成本，直接進入帳戶投資）」之分。但這位保戶所買的投資型保單，卻是早期後收型，且費用率非常高的標的（每月帳戶管理費有 0.165%，一年就收了保單帳戶金額的近 2%，五年下來，就收走近 10% 的帳戶管理費用），也難怪保戶保單帳戶價值會大幅縮水。

除了以上的保險成本外，這位保戶「受傷最重」的，就是危險保費這一項。由於投資型保單是採取「自然費率」，當保戶年紀越大，所要扣的危險保費就越多（請見下圖 2-1）。

圖 2-1 保費採取「自然費率」，年紀越大，保費越大幅增加

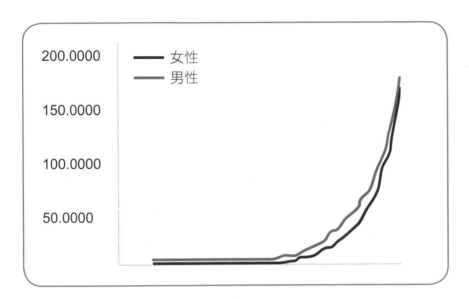

　　所以，假設這位保戶單純為了投資，就該老實地直接投資基金；如果是為了退休打算而投保，也應該選擇沒有任何壽險保障（保額）的「變額年金險」，而不是「變額（萬能）壽險」。然而，他卻買了會讓他就算連結（投資）標的不賺不賠，保單帳戶價值也一樣快速縮水的後者（變額萬能壽險）。

虧錢特色 2、配息有可能會吃到本金

　　只選擇年化配息率相當高的標的（也就是市場上所謂的「高收債基金」），但忘了「配息是非常有可能吃到本金」。個人實際查找以上幾檔投資標的的過往配息記錄，老實說，單從「配息率」來看，數字還真的「非

常誘人」。

以兩檔澳幣避險，以及美元計價的標的來看，大約在購買的前三年左右，年化配息率都有 8%、9%，甚至偶有 10% 以上的佳績；但在此之後，年化配息率就逐漸降低，近幾年平均就只剩下 5 ～ 6% 左右的數字。其中年化配息率最高的，首推「南非幣計價」的高收債基金，一直都保有 12 ～ 13% 的好成績。然而在這些「高配息」背後的現實是：配息幾乎全都吃到本金。

把匯兌損失計算進去之後，有兩檔訴求「高收債」基金的年化報酬率連 0.8% 都不到，等於把錢存在台幣定儲的報酬率都「拚不過」，也難怪保戶頻呼「被騙了」！

虧錢特色 3、保單計價幣別採用「高利貨幣」

簡單來說，保戶一心只想到高獲利，卻完全忽略了匯兌上的風險，可能會吃掉自己好不容易得來的收益。

以上面這幾檔以澳幣或南非幣計價的基金為例，就算把所領到的配息計算進去，以新台幣計價的年化報酬率，也並不如原幣別計價的年化配息率（至少 5%、6%，甚至是高達 12%、13%）般的「亮眼」。

更荒謬的是：這些以澳幣或南非幣計價的高收債基金，幾乎 100% 都投資在美國地區的標的。如此一來，等於投資人除了原保單計價幣別的匯兌風險外，還又多了一層投資地區的匯兌風險。

以上這個血淋淋的案例，也許可以給所有理財大眾三大教訓：

首先，凡是保單，就有一定的費用成本，實際的投報率鐵定不如「純

投資」要好。所以，如果沒有保障，或是特殊的需求，切忌不要輕易將「投資」與「保障」混為一談。

其次，就算想要透過「類全委保單」，尋求專家的投資代操，也一定要「選對保單」，而不是隨便哪種，或哪一張投資型保單都好。

再者，就算投資人刻意忽略保單，所需支付的重重費用成本，如果沒有選對標的及計價幣別，中、長期投資後的結果，也不見得是個 happy ending。

重點提醒 6、只要跨境投資，就一定有匯率風險，所以，投資幣別的選擇也非常重要。如果保戶實在很想投資高收債基金，請記得投資計價幣別，一定要選擇與該基金「主要投資地區」相匹配的幣別。

舉例來說，如果基金主要投資在美國地區，以美元計價的高收益債券，就請保戶選擇以美元計價的基金，而不是為了想賺「高利差」，而選擇什麼澳幣、南非幣。因為從過去的歷史經驗來看，這些高利差的貨幣，幾乎都是讓投資人「賺了利差，卻大大賠了價差」。

重點提醒 7、買了之後，一定要「定期、持續檢視保單帳戶價值」，絕對不能買了之後就放在那裡。個人認為「定期檢視」最重要的理由是：如果保戶買的是變額（萬能）壽險，因為保單帳戶價值會持續扣危險保費，且會隨著保戶年齡的提高而大幅增加。所以，假設投保後，不注意保單帳戶價值的增減，很容易造成保單失效的問題。

更何況，投資型保單除了固定繳費的「期繳」保單外，躉繳保單也一樣可以加碼投資。這個時候，「不停扣」與「加碼投入」，就成了保戶可以降低持有成本、提高整體收益的最大關鍵。

重點提醒 8、不了解或不懂，寧可不買。如果保戶對於投資型保單的

各項定義及內容，都覺得很難弄懂，就別跟著流行去買投資型保單吧！因為購買保單不但要看自己的需求之外，最重要的是要搞懂買的商品，到底適不適合自己？但是，如果保戶連商品內容都弄不清楚，就要認真地考慮是不是真的要買投資型保單？還是改買一個自己比較容易了解的傳統型商品？

首先，投資型保單就是一張定期壽險，再加上基金投資的概念，所以，分開來購買不見得一定比較不划算。但是至少，分開來的兩樣金融商品，絕對是保戶都清楚了解的。

其次，就算是保戶想追求終身的保障，事實上也不必買太多。因為對於一般沒有高額資產，需要透過保單進行一部分遺產稅規劃的保戶來說，終身壽險只是用來準備「身後事」之用，所以並不需要購買太高保額的終身壽險的。假使用定期壽險加上定期定額投資基金，只要選對投資標的，長期下來整體投資收益加上保障，也不見得會輸給業務員賣給你的那張投資型保單。

2-2 保戶購買投資型保單的十大謬誤

謬誤 1. 錯把投資型保單當短線投機標的物。
謬誤 2. 不需要固定現金流，卻仍買「月配型」投資型保單。
謬誤 3. 誤以為「類全委」就是一檔基金標的。
謬誤 4. 最適合買「變額萬能壽險」的人，從不動心⋯⋯
謬誤 5. 買了就放任不管，賺賠從不關心
謬誤 6. 只看年化配息率。
謬誤 7. 只想領息，從不打算進入年金給付期。
謬誤 8. 寧可頻換基金，也不願投資較低廉的投資型保單。
謬誤 9. 手中持有匯損幣別或想賺利差，而買外幣計價保單。
謬誤 10. 以為沒有錢，不出國，就沒有匯率風險。

謬誤 1、錯把投資型保單當短線投機標的

　　雖然投資型保單的保單帳戶價值，跟投資的關聯非常大。但是，個人卻完全不贊同把投資型保單，無條件地與一般投資工具劃上等號。

　　因為首先，由於它是保單，所以，除了投資方面的費用外，它還被抽一筆保單相關費用。筆者完全不建議，一般大眾單純是以「投資」的角度，來購買投資型保單，而是應該從保障需求（特別是年輕人），或是整體退休規劃的角度來購買。

　　其次，不論是從「用最低的保費，獲得最高的保障」，或是從「退休規劃」的角度，來累積退休金，都必須是「長期投資」的概念。正因為如此，在連結標的的選擇上，筆者建議：

一、必須選擇安穩的標的，以長期投資（持有）。

二、因為累積期長，最好是積極穩健的標的（例如股票型基金或
ETF），而不是非常保守的配息型商品。理由有二，其一是當投資組合中，
減少風險性資產投資時，整體收益率自然就會比較低。

理由之二是，強調配息型的類全委型投資型保單，絕大多數的投資標
的都是所謂的「高收債（垃圾債）基金」上。事實上，它的投資風險並
不低，且更重要的是：它的配息，是有可能吃到本金的。

謬誤 2、不需要固定現金流，卻仍買「月配型」投資型保單

第二個錯誤是，還沒有退休，或是現在完全不需要固定現金流，卻依
舊買「月配型」投資型保單。

這個概念大錯特錯的原因有三，其一是：由於這種「定期撥回」是發
生在「年金累積」期間。對於還沒有退休的人，理當有固定的薪水收入
的人來說，自然就不需要什麼穩定的現金流。更何況，當保戶不需要這
筆錢（月撥回）時，很容易就把它花掉，而沒有真正把它存起來，留做
日後需要時使用。

個人並不贊成還沒有退休，就買資產撥回投資型保單的原因之二是：
每月將配息領出，就無法享有「複利增值」的投資效果。特別是還沒有
退休的人，還有一份薪水收入來源，不但不需要靠這張保單「提供固定
生活費」，反而更需要趁著還有投資資本的時候，以穩健、積極的方式
將退休基金「極大化」。

至於原因三則是：由於月撥回基金，多半投資標的是風險並不低的高

收債基金，所以，極有「配息吃到本金」的風險。所以，這種「所領配息來自於本金」的方式，並不符合投資效益。所以，除非選擇月撥回投資型保單的保戶，選擇將配息「再投入」，以發揮複利投資的效果，否則，個人仍舊建議尚未退休的保戶，最好還是選擇風險相對不會高太多，但積極、穩健的投資標的，讓自己的退休基金持續增加，以應付未來真正退休後的生活所需。

如果未退休之人，並不適合買這種「資產撥回」的類全委投資型保單，那麼「已經退休的人」就適合嗎？其實，個人的答案也是「不適合」。因為既然已經退休了，就代表需要一筆固定的生活費來源，那麼，不能夠保證每月都領到「資產撥回」保單，怎麼可能是個最佳的選項呢？

謬誤 3、誤以為「類全委」就是一檔基金標的

第三個錯誤是，完全不懂「類全委」是保單，以為它不過就是一檔基金標的而已。說來不誇張，關於這樣的問題，不只是一般民眾不知道，居然連銷售的銀行理專都「不知道」！話說有一位理專，打電話給我在投信公司任職的朋友，並質疑為何該公司所合作的某張類全委保單，旗下所連結的配息基金績效，竟然輸給同一檔在銀行銷售的同名基金？

而在這一案例背後所顯示的重大問題在於：不要說一般大眾不知道，連銷售 這些商品的銀行理專「也都不知道」，而類全委是保單根本不是「買不到固定配息基金」之下的替代方案。

因此，我想在此進一步提醒所有投資大眾：首先，不是所有在銀行銷售的產品，就只是投資工具，而不是保險商品；其次，不是有固定配息

機制，就是「固定配息」的基金，而不是保險商品；再者，不是有看到有連結一個基金名稱，就代表它是基金投資，而不是保險！

謬誤 4、最適合買「變額萬能壽險」的人，從不動心……

第四個錯誤是，年紀明明已經很高了，卻是為了節稅目的而買變額萬能壽險。或是最適合買投資型保單的年輕人卻不買。過去，個人聽說不少年紀大的人，之所以仍堅持買變額（萬能）壽險，就是為了「賭」自己萬一不幸身故後，所有的投資資金，都可以「免列入遺產中計算」，以享有節遺產稅的優惠。

但是，這仍然有不少風險。首先，根據國稅局的「實質課稅原則」，只要是「重病」、「高齡」、「短期」、「躉繳」、「密集投保」的案件，不論保險公司理賠與否，國稅局採個案審核，將保單價值視為遺產課 10% ～ 20% 遺產稅。所以，個人誠心建議想要資產傳承的保戶，一定要以長期規劃的心態進行，以免節稅不成，反而要繳稅及罰款。其次，由於年紀大時，危險費率也越高，一旦遇上投資大幅失利，保戶會有極大的支付危險保費壓力。

另外，投資型保單的最大功用，就是用最低的成本，拉高年輕人的壽險保障。但我常遇到業務員向我抱怨說，現在的年輕人，寧可在股市裡「沖來沖去（指股票市場的「當日沖銷」）」，也不願意買任何壽險保障。因為首先，他們沒有家庭觀念、太過自我，認為自己對父母沒有責任，只有父母對他們才有責任。所以，只願把錢花在自己身上。其次，年輕人普遍認為，父母已經夠有錢了，自己的壽險保障對父母來說，相對「不

成比例」。

當然，撇開這些極端的案例，我還是想再次重申：因為投資型保單採自然費率，年紀越輕，保費越是便宜。如果有壽險保障需求，但每月扣掉生活費等正常開銷，就只剩一筆錢，必須同時投資及投保。那麼，投資型保單絕對是最適合的選項。

謬誤 5、買了就放任不管，賺賠從不關心

事實上，正因為投資型保單的保單帳戶價值，與投資績效息息相關。所以，保戶在購買投資型保單之後，絕對不能夠「擺在那裡完全不聞不問」，以免會嚴重影響未來的保障金額多寡，或是有可能因為年齡增加、危險保費變貴，而讓保單帳戶價值嚴重縮水

謬誤 6、只看年化配息率

許多保戶會買投資型保單，完全是從「年化報酬率最高」進行考量，完全無視「配息吃到本金」的問題，並忽視匯兌風險。

一直以來，已經有不少業務員向我大吐苦水：「客戶嘴巴說不能接受波動，但簽約時還是找高撥回的商品」。然而，個人這幾年所看過的，買投資型保單大虧的案例，幾乎都有「配息吃到本金」與「嚴重匯損」的問題，實在很值得保戶深刻檢討才是。

謬誤 7、只想領息，從不打算進入年金給付期

之前，個人聽到一個市場上的常態做法：購買類全委投資型保單的保戶，多數只買變額年金。而且，不是在正式進入年金給付錢就解約，就是把年金開始給付的年齡，全都設在最高的 95 歲。個人聽到的理由如下：

理由一、因為業務員會跟客戶說（客戶也這麼認為），只要不進入年金給付期，錢就會在帳戶中繼續投資及生利；一旦進入年金給付期，就是用那一整筆錢，以當時的預定利率，計算出一個固定金額的年金，金額可能變的很少而且固定不變；更重要的是，那筆錢已經不能再繼續投資、生利了。

理由之二是：因為年金險開始年金給付之後，保單就不能夠「解約」，也不能夠「保單貸款」。

理由三、一旦進入年金給付期之後，所有給付金額都會固定下來。假設未來市場利率持續走高，保戶就等於「虧到了」。

所以，目前所有買變額年金險的保戶，只著眼於投保後，就立刻開始領取所謂的「配息」（正確的專有名詞是「固定撥回」），且多半在正式進入年金給付期之前，就全部解約。簡單來說，保戶就是買一個「短天期定期給付的保單」，把它拿來當做傳統終身年年還本壽險的替代品。

然而，保戶以上的三大想法，從正確的投資理財規劃上來說，是會有很大問題、風險，以及矛盾點存在的，很難禁得起實證考驗。

例如首先，所謂的「平均月撥回率 5%」為例，並不保證「每月撥回」。因為金管會在 2021 年 3 月祭出新規定，月月配息型類全委投資型保單，如果要附保證給付，當基金淨值低於 80% 時，必須停止撥回。所以，保

戶根本不可能買到真正的「每月固定給付」的投資型保單。

其次，目前號稱年化配息率不錯的投資型保單，因為都是投資在所謂的「高收益債」上，配息吃到本金的風險並不低。而這些高收益債的風險並不低。特別像最近因為俄烏戰爭的關係，相關債券淨值大幅滑落。如此的影響是：保戶拿到的「配息」，是有極大的機會「配到本金」。也就是說，一旦配息長期吃到本金，除非保戶持續增繳保費，否則，那個號稱可以「月月領息」的帳戶，不用到 95 歲，可能就會「提領一空」的。

更何況，目前大多數配息的投資型保單，都是所謂「外幣計價」保單。也就是說，保戶就算從中獲利，但都得承受匯率變動的風險。特別是前一陣子台幣升值之際，保戶就算拿到不錯的配息，在匯兌損失之下，實際收到的金額也縮水了。

再者，只有上帝，才會真正知道未來市場利率是走升或降低？既然如此，保戶只要確定每期所領年金，夠支付退休後的各項開銷，且能夠「活的越久，領的越多」就好。假設保戶認為每月的年金金額，不足以支付現有或未來每月生活費。那問題是出在自己「存的退休金不夠多」，而不是年金險的問題。更何況，正式退休、沒了固定收入之後，原本就不應該再進行「有風險的投資」。所以，那句「那筆錢已經不能再繼續投資、生利」的說法，就完全禁不起任何考驗。別說其他的，「凡投資，必有風險」這句話，真的很值得有此類想法的保戶深思。

且再說了，就算在年金累積期，保戶的這筆錢有在「繼續投資且領取配息」。但是，一旦「配息會吃到本金（特別是配息率越高的，吃到本金的機率就越高）」的話，就代表保戶「希望在 95 歲之前，可以長久領息」的想法，可能是非常不切實際的。因此，買變額年金，並且把年金給付

期設定在最晚的 95 歲的保戶，如何能賭定地認為，這樣的做法，就一定比「直接進入年金給付期」要優？

第四，如果買的保單正確、適合自己，且年金金額正好是所需金額，保戶為什麼要解約？所以，不買年金險，或是買了年金險後，因為「不能解約」的理由，而「永遠不要進入年金給付期」，其實是一個很奇怪的理由。更何況，保戶在進行「保單貸款」後，也是要支付利息的。

第五，年金險的優點，就在於「活的越久，領的越多」，保戶不讓保單進入年金給付期，就無法發揮年金險最重要的「抗長壽風險」的功能。

因為年金險的功能，就是為了提供被保險人「避免長壽風險」之用，讓他們在「活得更長壽」時，還有錢可以繼續領下去。所以，許多保單都有「保證領取期間（例如 10 年、15 年或 20 年）」。假設保戶沒有領那麼久，剩下來的錢，保險公司會以折現的方式，以「身故保險金」的名義，給付給保單的身故保險金受益人（保證給付未領部分，還可以給指定的身故受益人，這筆錢，也不用計入被保險人的遺產總額中計算，具有一定的節稅效果），保戶實際上並不算吃虧（但值得注意的是：變額年金險在累積期，被保險人（要保人）如果不幸身故，只有退還所繳保費，且不得指定「非要保人法定繼承人之外」的保險受益人；只有當進入年金給付期後，要保人可以任意指定法定或非法定繼承人，為保單的身故受益人）。

更何況，中途將年金解約，如果再買一張保單，也還是要扣一筆費用，等於是讓原本所賺的獲利，再「吐回去」一些，這一來一往之中，會比「直接進入年金給付期而領取年金」要好嗎？以上頗值得保戶再三深思。

最後，順便提一個與高齡者相關的退休規劃議題。大家都知道，年齡是失智症發生與否的最大關鍵因子。年紀越大，罹患失智症的機率就越

高。這些買了變額年金險後，卻遲遲不願意進入年金給付期的保戶，其實也在冒一個大風險一萬一自己哪一天失智了，沒法自行將變額年金險解約，或是要照顧自己的子女，得不到提款卡的密碼，就算資產撥回，每月都能順利入到自己的銀行帳戶，這筆錢，恐怕也無法花在自己的身上。

個人之前聽過一位業務員，如此建議想買資產撥回類全委型投資型保單，但擔心中途因為疾病（例如失智、中風）而無法簽名、蓋章領息的年長保戶：如果當事人因為疾病（例如失智、中風）中途無法簽名、蓋章領息，就以「要保人、被保險人及受益人為子女，但子女印章、存摺都放在父母處，錢（配息）由父母領」的方式因應。

不過，這樣做的相關法律及子女不肖的風險，仍舊無法全面排除。個人建議當事人，可以透過辦理「保險金信託」的方式，才能更為周全地解決可能的失智風險問題。其具體做法及流程如下：

要保人（必須等於被保險人）在投保變額年金險時，勾選「年金給付時間（例如 65 歲）」及「一次給付」，並以「保單受益人（同時必須是要保人及被保險人，因為依照《保險法》，要保人得隨時更改受益人）」的名義為「委託人」，預先向銀行簽訂「保險金信託」（一種「預開型信託」）。之後，保戶再拿著保單，向保險公司進行「批註」，讓這筆未來的整筆保險理賠金，直接進入保險金信託專戶。銀行則依照當初所訂信託契約的內容與給付條款（例如在委託人意識清楚時，錢可以直接匯到委託人指定的帳戶中；假設委託人因為中風或失智時，錢則匯到指定的照顧機構帳戶），定期給付款項給信託受益人（指委託人本身）。

謬誤 8、寧可頻換基金，也不願投資較低廉的投資型保單

有些投資人寧可在銀行頻繁轉換基金，而被銀行抽去一大筆手續費（贖回及信託管理費），也不願意透過費用可能較為低廉的投資型保單進行投資。我之前聽保險業務員，轉述理專的說法是：：「我的客戶只要有賺 1%，就很高興了，完全不在意被銀行收了多少基金轉換手續費」。所以，理論上頻繁轉換基金的投資人，仍舊只會選擇在銀行買基金，而不會考慮透過投資型保單這個基金平台。事實上，只要懂得善用投資型保單「不收投資方面費用」，且「每年標的轉換在一定次數內（通常是一年 4 ～ 6 次）免費」的優惠。更何況，有的保險公司的投資標的免費轉換次數，已經可以達到「無限次」了。

謬誤 9、手中持有匯損幣別或想賺利差，而買外幣計價保單

就個人了解，有的客戶原本手邊，就存有一些外幣，像是美元或澳幣、南非幣等，因為匯率虧損，不願換回台幣，所以買這些匯損幣別計價的投資型保單。但是，也有聽說不少保戶，是抱著「利差、匯差與配息三重賺」的心態，在投資外幣計價的投資型保單。

一直以來，由於海外投資的報酬率，比台灣好很多，所以，國人普遍喜歡把錢，匯到海外投資賺取高利。個人不能說這些投資人的做法是錯的，只是想提醒他們有關海外投資的以下重點：

首先，投資海外必有匯兌風險，不能一心只想獲利，卻不問可能的風險。而這，通常也是非常多「一心只想尋求高獲利」民眾，無心或有意

「一年轉換 4 ～ 6 次免轉換費」是否算是優惠？對投資有何幫助？

　　有些保險公司在推銷投資型保單時，都會有這樣的行銷話術：「月繳數千元，幾百檔投資標的任你選！投資型商品每月保費還能調整，手頭緊時可以少繳一些。」「我們免費提供 1 年 N 次投資標的轉換免手續費，到銀行買基金，每次轉換都要錢！」……仔細分析，這些保險公司提供的「方便」，有時並不等於「必要」。畢竟，長期投資才能產生較大的複利效果。

　　真正以長期投資為目標，以及資產配置為原則的投資標的，並不需要頻繁轉換投資標的。因此，投資型保單所提供的「一年轉換 4 ～ 6 次免轉換費用」的優惠，是否真的對每一位保戶有利，卻也得依人而定。因為，原本就沒有頻繁轉換標的的保戶，就是「無利」可言呐。

　　記得很早之前，曾有某家提供保戶無限制轉換的保險公司做過調查：每位保戶平均轉換的次數大約只有「兩次」而已，就算有每年免費轉換四次的功用，多數保戶事實上都用不上的。

間所忽略掉的。

　　其次，投資海外的高獲利，一旦減去虧損之後，真的是一盤值得投資的好買賣？就例如壽險業之所以要拉高投資海外比重，就是因為國內投資報酬率太低所致。然而，當海外較高投報率，減去一定的匯損之後，就一定比留在國內投資「還優」？

再者，投資海外部位越大，投資人遭受的虧損影響就越大。凡投資海外，都一定避免不了匯損風險。所以，一旦投資海外的部位很高，又出現匯兌損失，問題就分外顯得嚴重。

最後，投資海外風險除了匯兌外，還包括各種手續費及其他成本。例如國內有不少「複委託」的業務，就是專門幫國人進行海外金融商品的投資。但事實上，這類複委託業務，相關手續費有時並不便宜。

謬誤 10、以為沒有錢或不出國，就沒有匯率風險

所有以外幣計價的金融商品，不管是定期存款、基金、證券、ETF或保險，全都難逃可能的匯兌風險。所以不要以為「沒有錢、沒有出國，就沒有匯率風險」。

事實上，個人認為要不要進行海外投資，最主要的關鍵在於「目的」與「投資熟悉度（或投資訊息掌握能力）」。而總的來說，如果未來沒有打算在國外定居、工作或退休，也沒有什麼時間做太多功課，老實待在國內投資恐怕才是正道。特別是國內投資資訊取得較易，且國內市場利率（投報率）雖低，卻不表示完全無法找到比擬海外投報率的標的。因為，國內投資至少少掉了匯兌風險，以及跨境的手續費等成本。

當然，就算投資人最後的答案是「可以投資海外」。但也不是把大部分的錢，通通挪到海外去「投資」。不要忘了，投資人現階段如果主要生活重心仍在台灣，各項日常與應付突發事件的緊急支出，就絕對少不了一定的台幣資產。因為想從海外匯回，一是資產變現需要時間，二是也一樣要被金融機構，收一筆不少的國際匯兌成本。

投資海外，要如何避免匯損？

隨著金融市場全球化，以及金融商品不斷地推陳新，「匯兌風險」經常是投資人心頭的一大痛處。個人建議，想要投資海外，又想要避免匯損吃掉投資收益時，可以試試以下幾個方法：

首先，一定要把資產，放在「強勢貨幣」上。

其次，在選擇不同貨幣時，應該選擇以「與投資地區相同的貨幣」為原則。舉例來說，如果投資人選擇美元、歐元與日圓三種不同貨幣，除非是單純做外幣定存，否則應該與投資地區相符才好。從以上的邏輯來看，假設投資人想同時投資美國、歐洲及日本地區，就應該投資以上述三種幣別計價的投資工具（例如共同基金或 ETF），這樣才不會因為投資地區與幣價幣別的不同，再產生出另一層的匯兌風險。

2-3　你適合購買投資型保單嗎？

如果你每月只有 3,000、5,000 元閒錢，既想快一點累
積財富，又想買一個基本的保障，現階段不透過投資型
保單，還有其他更好的商品嗎？

對於每月可存金額較為充裕的人來說，原本就能分別輕鬆處理「理
財」與「保障」這兩件事，也許就沒必要用「更高的投資成本（各項費
用）」、「投資與保險不分」的投資型保單。

然而，對於薪水不高的社會新鮮人來說，根本沒有多少錢可以理財歸
理財、保險歸保險。以家不住在台北的 30K 社會新鮮人（事實上，還有
很多人連 30K 的薪水都不可得）為例，扣掉吃、住、水電、交通費用之外，
每月能夠擠出的存款大概只有 3,000 ～ 5,000 元。

姑且不論保險費用是高是低，以目前多數定期定額最低門檻來看，也
都是與這個數字相差不遠。我相當鼓勵年輕人應該「及早開始投資」，
而且不該把投資的錢，放在儲蓄險等低投報率的商品上。所以，如果你
每月只有 3,000、5,000 元閒錢，既想快一點累積財富，又想買一個基本
的保障，現階段不透過投資型保單，還有其他更好的商品嗎？

簡單來說，以下幾種類型的人，是比較適合購買投資型保。

第一種、沒有自制能力，無法定期定額儲蓄的人。因為當保戶不繳保
費時，保障會因此失效，所以保單具有較高（當然，這並非絕對）的「強
迫儲蓄」效果。特別是投資型保 單的契約附加費用率，都是集中在前面

3 ～ 5 年扣取，一旦保戶投保前幾年，不想要這張保單了，能拿回來的錢非常少，也更有動力讓保戶持續繳費下去。

假設保戶持有保單超過 5 年之後，所繳保費等於是全數進行投資。理論上來說，這段期間的保戶也不會輕易解約，比較符合「長期投資，靠時間複利累積財富」的目標。

第二種、收入不豐，只有一筆錢用於投資兼儲蓄的人。由於投資型保單是一種結合「投資」與「保障」的商品，對於每個月只有一筆錢，卻想同時「投資＋儲蓄」投資的人來，最為適合。

第三種、擔心購買傳統型保單，保險公司如果倒閉，可能沒有保障的人。投資型保單的投資帳戶與保險公司的一般帳戶分離，保戶不會因為保險公司倒閉，而拿不到這筆投資金額。

第四種、每月投資金額不多，卻想分散投資標的風險的人。傳統定期定額投資基金，投資人每月的最低投資門檻也要 3,000 ～ 5,000 元，而且也能選擇一支基金而已。但是透過投資型保單的投資平台，同樣具有 3,000 ～ 5,000 元的保戶，可以選擇最多 10 ～ 12 支的各式基金。特別是想要長期投資的人來說，連結標的數目越多，具有一定的「分散風險」效果，相對就比只能投資一支基金的風險來得低。

第五種、一年內轉換投資標的大於 1 次，但小於 4 ～ 6 次的人。傳統投資共同基金，在進行基金轉換時，都要收取一定的轉換手續費；但是投資型保單普遍有「一年內轉換 4 ～ 6 次免費」的設計。不過事實上，就算超過 5 次，每次所付的費用也不過是 500 元，對於投資金額大的人來說，手續費也會比單純投資基金要來得低。

第六種、身體健康狀況較差，無法購買到足額傳統壽險保單的人。因

為以甲型保單為例，當保單帳戶價值超過原先投保金額時，身故、全殘保險金都是來自保單帳戶價值，保險公司等於是沒有任何風險。也因為這個因素，保險公司在核保上，雖說並非絕對，但一般都會比傳統壽險要來得寬鬆得多。

儘管投資型保單有「保單（附加）費用率高」的問題，但這對於錢少的年輕族群來說，我提出的「購買投資型保單」建議，是一種「兩權相害取其輕」的決定。請記得！這只針對「每月投資＋保險」預算只有 3,000、5,000 元的人，未必完全適用薪水較多，有能力將保險與投資分開處理的社會新鮮人，以及其他年齡、收入更高，且有高保障需求的族群。

所以，建議一般人在選擇工具時，絕對不要有「非買不可」，或是「完全不得購買」的極端決定。買保險的正確心態應該是，永遠必須在「個人需求（包括所負責任多寡）」、「保額負擔」，以及「最大保障」之間尋求一個平衡點。

此外，就算是錢比較多的有錢人，也並非不能買投資型保單。因為投資型保單裡除了有保障的變額壽險與變額萬能壽險之外，還有所謂的變額年金。理論上，這種沒有保額的商品，也可以是進行退休規畫的有錢人在股票、基金、債券等金融商品之外的另一種選擇。

不適合買投資型保單的五種人

既然有適合買投資型保單的人，就一定有「不適合購買投資型保單」的人。以下，就是我歸納出的幾種類型：

第一種、年紀大，卻又買變額（萬能）壽險的人。這是因為投資型保

單是採取「自然費率」，保費會隨著年齡的增加而急速提高。特別是當投資收益不佳，而高額的危險保費，又進一步吃掉保單帳戶內的大部分價值時，問題就格外地嚴重。

第二種、非常保守，希望保險保障金額固定，而不是變動的人。 這是因為投資型保單將「投資選擇權」轉移給保戶的同時，卻也同時將「投資風險」送給保戶。保戶所持有的保單，將不再具有像傳統保單那樣的「固定報酬（預定利率）」，且必須承擔可能的損失。

第三種、不想長期持有，買了沒幾年，就想解約的人。 不管是前收或後收型投資型保單，也不管是變額（萬能）壽險或變額年金險，前幾年的附加費用率幾乎都不低，保戶前幾年就解約的損失非常高。

第四種、不知道自己的需求，也不知道商品是否適合自己，又弄不懂投資型保單內容的人。 基本上，這種人應該去買傳統的壽險，而不是內容複雜又多變的投資型保單。

第五種、保單買了後，習慣放著不管，再也不理它的人。 前面我曾經提到，因為投資型保單是一種結合「投資」與「保單」的商品，而保戶的所有保障，全都命繫在保單帳戶價值的高低，也就是投資報酬的好壞上。

且正由於投資型保單的保單帳戶價值，會受到投資好壞的影響，所以，保戶買了投資型保單後，千萬不能放著不管。因為，一旦標的選擇錯誤，保戶可以當機立斷，馬上更改投資標的，也許就能夠讓虧錢的保單「轉虧為盈」。

之前，曾看到一則新聞報導指出，一位現在高齡 78 歲的老翁，花了 200 萬元，帳戶剩下 12 萬元，家屬接獲通知後「大驚」。

而這類新聞事件之所以屢屢發生，就是因為保戶常常買了保單之後，

就鎖在保險櫃中，大約只有在發生事故時，才會再次拿出來「申請理賠」之用。就舉這位花了 200 萬元買保單的老翁做為例子吧，如果十幾年來年年關心保單的心投資績效，會落到這樣「過了 14 年，突然經銀行通知結果而大驚嗎？」的地步嗎？

事實上，就算保戶買的，不是保單價值隨時會跟著投資績效而上下波動的投資型保單，保額固定的傳統保障型保險，也是需要至少每年拿出來檢視一番，才能隨時了解自己所買的保障，是否還有新的缺口需要補足？

2-4 破解保險業務員的十大行銷話術

話術 1. 你該優先買變額萬能壽險，就算投資虧損，還有壽險保障！

話術 2. 用貸款買投資型保單，放大你的財富！

話術 3. 前收型投資型保單的保費（附加），比後收型保單高，要買就該買後收型保單。

話術 4. 投資型保單也可以「波段操作」。

話術 5. 我推薦給你的這張類全委保單，是可以「保本」！

話術 6. 如果你不擅於投資，就買類全委型投資型保單就好。

話術 7. 推薦「月配息」的投資型保單，生活費穩定沒煩惱。

話術 8. 推薦你一檔年化配息率高達 10% 以上的配息型投資型保單。

話術 9. 不了解投資型保單？買一張就會懂了……

話術 10. 投資型保單提供「停利／停損機制」，幫你把錢「存下來」。

話先說在前頭，我這裡的「破解業務員的行銷話術」，不見得每一條，都是犯了嚴重的錯誤，而是因為首先，每一個人的狀況都不同，對某一位保戶適合的方式，可能不見得適合另外一位。

其次，有些理專或業務員的話術，只是如實地陳述了部分的事實，而非全部。假設保戶不察，輕易就照單全收所有內容，很可能就會導致錯誤的判斷，並導致不完美的結果。

所以在這裡，我將要列出幾個常聽到的錯誤行銷話術，特別提醒想要購買投資型保單的保戶再三注意，並且對於其中的是非對錯，一定要「分個仔細」才行。

話術 1、優先買變額萬能壽險，就算虧損也還有壽險保障

業務常說的話術首先就是：「你該優先買變額萬能壽險，因為就算投資虧損，還有壽險保障！」

但真相是：大錯特錯！因為危險保費都是成本，不論買的是甲型或乙型，當投資虧損時，因為淨危險保額較高，導致所要繳交的危險保費也不低，特別是年紀大（超過 65、70 歲）者。所以，買不買變額（萬能）壽險，關鍵在於「有沒有壽險保障需求」？若完全沒有，應該優先購買「變額（萬能）壽險」才對！

話術 2、用貸款買投資型保單，可以放大你的財富！

業務常說的話術再來就是：「用貸款買投資型保單，可以放大你的財富！

真相是：大錯特錯！一直以來，就曾聽聞有不肖的理專或保險業務員，當保戶沒有太多的閒錢可以購買保單時，就慫恿他們透過借款來進行。其方式有兩種，其一是用原本的保單借款，另一種，則是讓有房產的客戶，透過理財型房貸的方式，將錢借出來，然後再買連結南非幣計價高收債基金的投資型保單上，以進行「套利」。他們打的如意算盤是：南非幣計價的高收債基金，年化配息率可以達到 10 趴以上，拿來支付保單借款或理財型房貸利率，不但綽綽有餘，還有「利差」可賺。

然而，這些人千算萬算，卻沒有算到：金融市場永遠是變化莫測的，也許原本投資標的的配息，真的有達到驚人的 10% 以上。但是，他們卻

沒有算到「一個匯差的損失，就有可能吃掉所有高配息的一半以上」。

　　更重要的是：這些號稱高配息的標的，幾乎無例外地，都非常集中投資於高收債基金，也就是信用評等不佳，俗稱的「垃圾債」上。當金融市場穩定、經濟前景看好之際，要這些發債機構如實支付高配息，當然不會有任何問題。

　　不過，一旦行情開始反轉，這些投資標的所遇到的金融逆風，也會比其他標的來得重，並出現債券價格大幅折損，以及配息困難的情形。如此一來，保戶原本想獲得高配息的希望就會落空。

　　此外，凡是借款，都是得付利息的。一旦高配息難以為繼，請問沒有其他收入的退休族群，如何支付得了這筆貸款？是否房產更有可能被銀行法拍的風險？個人不是在詛咒或恐嚇讀者，而是希望已退休的族群，千萬別為了「也許可能的收益」，卻讓自己冒任何一丁點無法承擔的風險！

話術 3、前收型投資型保單的保費（附加）費用，比後收型保單高，要買就該買後收型保單。

　　業務員時常掛嘴邊的話術還有：「前收型投資型保單所收的保費（附加）費用，比後收型保單高且成本重，買前收型保單的保戶是冤大頭」。

　　真相是：不見得完全正確。這裡面其實有很多外行人不知的內情在其中。

　　首先，比較保費收多、收少，不能只看「看的見的」。前收型保單的前 5 年，目標保費的保費（附加）費用率，雖然收到 150% 這麼多，看起來比後收型保單的解約費用率（前 4、5 年最高是 6～7%，並逐年遞減，

但假設保戶這幾年未解約，就不用扣這筆費用）、「按保單帳戶價值一定比例收取的保單管理費用高出很多（有的公司只收一年，有的公司則收 4、5 年，最高總共可達 5%）」。

但不要忘了，費用除了看得見的「保費費用」外，保戶還要注意很多隱藏的成本。這裡所說費用，是基金公司收的管理費，並不是保險公司所收取的費用。目前，按照金管會的規範，假設代操投信的類全委帳戶，投資的是自家集團下的基金，是不得重複收取這筆內含於基金淨值的管理費；此外，假設代操投信所選擇的基金，如果是法人級別的基金，管理費自然比一般投資人所買的基金，要便宜一些。至於所選基金，如果是非自家集團，都是可以光明正大收取基金管理費的。而這一塊，正是一般投資型保單保戶，很難知道其中詳情的部分。

另外據了解，基金公司管理費，退給保險公司的退佣，等於是一塊保險公司「賺錢」或「成本分攤」的來源之一。以股票型管理費普遍有 1.5%、代操費約有 1.7% 為例，不要多，只要退回 1% 的佣金回饋，對銷售金額不錯的保險公司來說，就是一大筆收入進帳。

當然，我們也不能因為「可能有來自於投信公司的退佣收入」，而用「小人之心」，來看待所有只賣後收型保單的保險公司。因為據業者表示，有些保險公司為了求取業績收入，也只能靠「收比其他家公司保單更低的費用率」來吸引保戶了。

其次，前收型保單多半有「加值回饋金」的返還。雖然保險公司從前收型保單保戶手裡，收取滿高比率的保費費用，但是，這些公司多半會在保戶持續繳費超過一定的年期之後，會再分幾年，將這筆保費費用「回饋」給保戶，有的，甚至可以達到 100% 返回的水準（請見 1-5「投資型

保單的附加功能」的「加值回饋金」）。如此一來，對於長期投資的保戶來說，也不見得是一大損失。

再者，還可能享有更多便宜附約的保障。很多前收型保單，都是以「強調重保障」為訴求，所以，保險公司推出的這類投資型保單，都有較多「保障」的優勢，例如會搭配許多醫療險等附約（有的附約，像某公司的的一到六級失能險附約，根本就是附送的，保戶不用另外繳交保費），特別適合有各種保障需求，又不想繳交太高終身壽險保費的年輕人。

最後，現在多數後收型保單，都是設計成「躉繳（彈性繳）」的繳費形式。也正因為如此，每次躉繳保費的最低門檻也不低。一般來說，躉繳保費都是 10 或 30 萬元起跳。儘管後收型保單的費用收取，較前收型便宜許多，但是對於資金並非那麼雄厚的保戶來說，恐怕也一樣是「無福享用」到的優勢而已。

話術 4、投資型保單也可以「波段操作」

這句話也常聽到，但真相是：大錯特錯。因為，特別與一般股票、基金或 ETF 相比，投資型保單的費用不低，短線波段操作可能未蒙其利（沒有賺到價差），反而是先受其害（多付出一筆成本）。

特別是前面「話術三」曾經提到，前收型與後收型投資型保單最大的差異就在於：前收型保單目標保費的保費費用率，前 5 年高達 150%。每年平均下來的成本就有 30% 左右。除非前 5 年，保戶每年都能有 30% 以上的投資報酬率，整體下來的投資收益都等於是零（不賺錢）。

至於後收型保單，就算是躉繳（彈性繳）的保單，光是保費費用就被

扣掉依保單帳戶價值（也就是第一次所繳保費）的 3%。想想看在這個市場利率，才不過剛超過 1% 的年代，就算投資標的的年化報酬率，可以超過 4 ～ 5%，扣掉這 3% 的保費費用後，就只剩下 1% ～ 2% 了。

且保戶不要忘了，除了保費費用外，投資型保單也還要扣掉某些後收型保單會收取的，按保單帳戶價值一定比例的「保單管理費用」，還有更大一筆的是：前 4 ～ 5 年會收的高額解約費用（一般第一年 6 ～ 7%，並逐年遞減）。也就是說，買投資型保單去做短線操作的人，絕對很難成為投資獲利的贏家的。

話術 5、我推薦的類全委保單可以「保本」

總常發現業務跟客戶們推薦，說法就是這張投資型保單（主要是指變額年金）可以「保本」！

真相是：大錯特錯。這一種說法，是非常、非常容易讓民眾「上當」的。為什麼這麼說？因為一般人對所謂「保本」的定義或認知，就是跟銀行定存一樣的「保證本金不折損」。

但是，讀者如果進一步實際了解業務員口中所謂的「保本」，根本不是「保證最低投資收益」，其實只不過是這張變額年金險，提供了「附身故最低保證」而已。

這種「附最低身故保證」的變額年金險，之所以會在市場上大紅大紫，就是因為在金管會規定「不同年齡保戶死亡給付除以保單帳戶價值，必須符合一定比率」的「門檻法則」通過之後，過去許多想要藉由「身故保險金不用計入被保險人遺產中計算」方式節稅，並且透過「壓低保額（因

為高保額會有更多危險成本）、拉高保費以進行投資（大幅增加保單價值準備金）」方法的保戶，無法再透過變額（萬能）壽險「將投資及節稅效用極大化」。所以，他們便轉往投保這種「附最低身故保證」的變額年金險，以便在年金累積期間，萬一不幸身故時，也能享有一定的節稅功能。

但儘管如此，保戶在購買這類變額年金險時，一定要記得以下重點：

首先，「附最低身故保證」，絕對不等於「保證收益」。

其次，根據金管會最新實施的「六不新規」原則，就算保險公司推出所謂的「身故保證（GMDB）」的變額年金險，其附保證給付金額，最多也不得超過「保戶總繳保費（之前，最低給付金額約為1.01～1.06倍）」。

再者，以上「六不新規」中，也再次確認保戶要繳的這筆「保證費率」，不能再採與「一價到底」的便宜費率，而必須採用「按不同年齡級距及性別」方式收費。也就是說，當投保這種「附身故保證」變額年金險時，年紀越大的保戶，還是會面臨危險保費成本高漲的問題。

話術 6、如果不擅於投資，就買類全委型投資型保單

這句話其實不見得正確，假設買不對，結果也不一定美好。這是因為首先，類全委型投資型保單，雖然號稱「由專家代操」，卻並不保證讓保戶「不賠錢」，只代表「有專人代為投資」。依照金管會的說法，所謂「全權委託型投資型保單」（簡稱「類全委保單」），是指「由要保人以保險契約，約定委任保險人（壽險業者）全權決定運用標的之投資型保單」。

其次，單單是類全委保單，各家壽險公司推出的內容全都不同。一般來說，保戶多半只能從保險公司設定的「保守、穩健、積極」三種類全

委帳戶中擇一投入。

　　所以，就算保戶完全不懂投資，想透過這類由專家代操的類全委型投資型保單，來進行退休規劃或累積資產的保戶，一定要記住此一重點：想要買的類全委型投資型保單，到底投資了些什麼？

　　其中的理由有二，其一是：每一位保戶的投資屬性都不同，萬變不離其宗的原則是：假設是極端保守型的保戶，就不宜承擔過高的風險。然而不可否認的是，過去由於國內對於「基金風險報酬等級」分類標準的內容，並未涵蓋債券型基金的信用及流動性風險等，所以，導致許多類全委投資型保單的代操機構，是可以「合法」地選擇風險可能不比股票高的高收債（垃圾債）基金。好在目前已經開始正視此一問題的嚴重性，並且準備著手在今（2022）年第 2 季，修正投資型保單連結標的，比照先前對目標到期債券型基金的限制，進一步規範投資型保單連結的債券信評，不得為高收益債券基金（也就是非投資等級債券基金）。也就是說，未來新制上路後，新的投資型保單不得再投資、連結非投資等級債券基金，連類全委保單也包括在內。未來，過去那種極端保守保戶，卻可能選到「風險並不低」，且「風險與其完全不匹配」類全委帳戶的問題，應該可以獲得 大幅改善。

　　其次，就算是所謂的「保守」型類全委帳戶，每一家代操投信在股、債比的分配、投資地區的分佈，以及產業的偏重上，也都各有不同。所以，保戶在實際選擇之前，最好要徹底比較及了解這些類全委帳戶的內涵，挑選出符合個人投資屬性的標的才是。

話術 7、推薦「月配息」的投資型保單，生活費穩定沒煩惱

曾聽過業務員跟朋友推薦，表示只要買一檔「月配息」的投資型保單，便可提供穩定的現金流，當做每月固定的生活費，甚至可以繳交各種帳單。

但實際上，這是有著大語病的錯誤。因為，如果是一般連結在月配息基金的投資型保單，是可以做到「每月都一定配息」的標準。但是以類全委保單為例，過往就沒有「保證月月撥回」這回事。過去，這些保單之所以能夠做到「月月撥回」，原因之一是全球市場利率持續走低，手中所投資的高配息標的「利息」與「價差」雙賺所致。

理由之二是，有某些保單的「資產撥回」門檻很低而已。然而在金管會最新實施的「六不新規」中，已一律規定類全委保單只要淨值低於 8 美元，就不得再進行資產撥回這回事。也就是説，至少未來所有新的，訴求「資產撥回」的類全委保單，都不再有「保證月月撥回」這件事。

由此順帶一提的是，假設已經退休，每月生活費完全仰賴資產撥回類全委保單的保戶。由於每月生活費，不容任何短少的理由，個人認為，若從正確財富管理的角度來看，並不適合買這類保單才是。

話術 8、配息型投資型保單，年化配息率逾 10%？

話説市場上，真有年化配息率高達 10 趴以上的投資型保單嗎？孰不知真相是：年化撥回率越高，吃到本金的機率就越高。根據過去的記錄，只要是年化撥回率高的類全委型投資型保單，幾乎無一例外地擁有以下

兩大特色：其一是「投資在非投資等級高收債（也就是俗稱的垃圾債）上的比重非常高」；其二是「通常都是以『高利貨幣（例如南非幣）為計價單位』。特別是後者，幾乎是近幾年號稱能夠「月月撥回」的類全委保單的保戶，所選擇的連結標的。

講白了，這些不論是保戶或基金投資人，就是看中了投資南非幣計價的投資標的，能夠「利差與配息」雙賺。甚至，假設匯率也能升值的話，就還能夠創造出「三贏」的局面。

然而，這世界上哪會永遠有這樣「好康」之事呢？儘管這類標的近幾年配息率維持正常，但在近兩、三年台幣頻頻升值、南非幣、澳幣頻頻創低之際，台灣的投資人及保戶，便受到了雙重「匯損」的打擊。

表 2-3 基金風險報酬等級分類標準（RR 值）

等級	風險度	投資標的
RR1	低	以追求穩定收益為目標，通常投資短期貨幣市場工具，但不保證本金不會流失。
RR2	中	以追求穩定收益為目標，通常投資於已開發國家政府公債或國際專業評等機構評鑑為投資級之已開發國家企業債券，但也有價格下跌之風險。
RR3	中高	以追求兼顧資本利得及固定收益，或較高固定收益為目標，通常同時投資股票及債券，或投資於較高收益之有價證券，但也有價格下跌之風險。
RR4	高	以追求資本利得為目標，通常投資於已開發國家的股市，或價格波動相對較穩定之 區域型股票基金，但可能有很大價格下跌之風險。
RR5	非常高	以追求最大資本利得為目標，通常投資於積極成長型類股或波動風險較大之股市，但可能有很大價格下跌之風險。

更糟糕的是自 2021 年底，全球金融市場又開始進入一波新動盪之後，債券價格的下跌，又讓投資人嚐到了「配息吃到本金」的殘酷現實。也就是說，保戶所領的「高配息」，全都是「自己的錢（本金）」。以上種種事實，真的值得保戶們深思。

話術 9、不了解投資型保單？先買一張就懂了⋯⋯

假設保戶夠幸運，在還未了解投資型保單之前，第一次所買到的投資型保單，恰巧是適合自己需要的，那只代表保戶運氣很好，不代表這樣的購買模式值得鼓勵。

基金類型
貨幣市場型基金
已開發國家政府公債基金、投資級（如 S&P 評等 BBB 級、穆迪評等 BAA 級以上）之已開發國家企業債券基金
平衡型基金、非投資等級之已開發國家企業債券、新興市場債券基金
全球股票型基金、已開發國家單一國家基金、已開發國家之區域型股票基金
一般單一國家基金、新興市場基金、產業類股基金、店頭市場基金

但當保戶買了投資型保單之後，發現根本不是自己要的，解約起來的費用可能超乎保戶的預期與想像。這是因為「後收型」投資型保單的保戶，假設要在前幾年解約，都要扣較高的解約金（之前第一年最高可達25% 左右，現在最高約有 7% 的水準。之後則逐年遞減，通常到第 5 ～ 6 年後才不收）。

至於「前收型」投資型保單，雖然沒有收前幾年的「解約金」，但是，假設保戶買的保單，目標保費佔總繳保費很高的比例，由於前幾年目標保費的附加費用率相當高（第一年至少也有 55% 以上。而當保戶解約時，這部分已扣費用是不會還給保戶的），解約後所能拿回來的錢恐怕所剩無幾。

就算民眾真的想用閒錢，「買一張投資型保單」來「投資」，個人也只「勉強」推薦「躉繳（彈性繳）」的保單，且一定是「退場成本（主要是解約金，以及每月扣的保單管理費，且收取的年數越少越好）」較低的那張。因為，假設真的後悔了，覺得不該買投資型保單，「見不好就收」的成本不致於太高。

話術 10、投資型保單提供「停利／停損機制」， 幫你把錢「存下來」

首先，有的保險公司所提供的「停利機制」，只是當保戶連結標的，達到一定停利水準之後，會「主動通知」保戶，再由保戶決定是否要真正「停利」，並且把獲利部分，轉到其他客戶所指定的投資標的，或是專門停泊資金的貨幣帳戶。所以，充其量只能算是「半套」或「手動」

的「停利機制」（有關「自動停利及轉換機制」，請見第一章第五節「投資型保單的附加功能」的相關介紹）。

其次，儘管」這個機制的立意很好，也有助於保戶（投資人），能夠徹底做到紀律性投資。然而，這個機制要發揮作用，有賴保戶「使用」、「會用」及「用得巧」，才能夠將此機制的優點，發揮到最高。

更何況個人也認為，停利只適合波段操作。也就是針對萬一不停利，所有過去辛苦累積的獲利「有可能全數不見」的標的而言。如果是長期投資的標的，像是已經儘量做到風險分散的全球型股票型基金、ETF，老實說，真的沒啥必要進行「停利」。

**保險
停看聽**

投資標的的「風險報酬等級（RR 值）」到底是什麼，投資人該如何正確看待它？

如「基金風險報酬等級分類標準（RR 值）」，是由投信投顧公會公佈，依基金類型、投資區域或主要投資標的、產業，由低至高，區分為「RR1、RR2、RR3、RR4、RR5」五個風險報酬等級。

但是，如果是細心一點的保戶，仔細閱讀「基金風險報酬等級」分類標準裡的「注意事項」時，就可以發現以下一段文字：

「第二點風險報酬等級係依基金類型、投資區域或主要投資標的／產業，由低至高，區分為「RR1、RR2、RR3、RR4、RR5」五個風險報酬等級。採用本分類標準之證券投資信託事業及總代理人應以顯著方式於證券投資信託基金（簡式）公開說明書、境外基金之投資人須知或銷售文件中加註警語，提醒投資人此等級分類係基於一般市場

狀況反映市場價格波動風險，無法涵蓋所有風險，不宜作為投資唯一依據，投資人仍應注意所投資基金個別的風險。同時應列示基金其他主要風險（如信用風險、流動性風險…等），並說明基金歸屬於此風險報酬等級之原因（例如：本基金為債券型基金，主要投資於新興市場之高收益債券，高收益債券為非投資等級之高風險債券，故本基金風險報酬等級為 RR4）」。

以上「落落長」的文字，簡單來說就是：「債券型基金的 RR 等級，只談「市場價格波動風險」，完全不提基金（主要是債券型基金）的其他「主要風險」，也就是信用風險、流動性風險等。

也就是說，現在提供投資型保單保戶投資標的選項建議的 RR 值，就只有「市場價格波風險」而已，不是這檔標的的所有風險。正因為如此，我建議保戶應該特別謹記在心的是：以債券投資為例，不能單看債息的高低，更有許多影響價格波動的風險。而除了以上所提到的「主要風險（信用風險、流動性風險等）」外，投資人還可能面臨投資及計價幣別不同的「匯兌風險」。而後者，也是所有投資海外（非台幣資產）的人，都應該認真列入考慮的項目。

2-5 購買投資型保單前，一定要問的八個問題

問題 1. 為何推薦這張投資型保單給我？它哪一點適合我？

問題 2. 這張投資型保單的費用是多少？

問題 3. 這是「資產撥回」的類全委保單嗎？請問它與「連結月配息基金」的投資型保單有何不同？

問題 4. 你為什麼只推薦一張給我，可否至少推薦三張讓我挑，同時提供購買的優先順序，並告訴我推薦的理由？

問題 5. 不論保單所連結的是眾多的基金、ETF 或類全委帳戶，請問你會推薦哪一些基金給我連結？請問你推薦這些標的的原因為何？

問題 6. 我買的這張投資型保單，未來需要繳哪些稅？

問題 7. 我該買變額（萬能）壽險？還是變額年金就好？

問題 8. 你說了這張保單的許多好處，請問它對我有什麼缺點，是我需要知道的？

目前，可以銷售投資型保單的通路，除了壽險公司的直銷體系之外，還包括了證券或銀行的財富管理業務的通路，或是獨立的保經、代銷公司。其中的差異只在於：這幾個通路所銷售的保單類型及行銷話術「略有差異」而已。

以銀行或券商通路為例，理專通常一次只會賣一張同類型保單，不會同時給保戶兩種以上的選擇；但如果是保經代業務員，則會同時賣不同家的不同張保單。也許讀者會問我說：「透過不同銷售管道，我的權益有差嗎」？事實上，保戶的權益不會有任何影響，因為所賣的商品，都是

由壽險公司所發行的。其中的差別只在於：也許給某一個通路（例如銀行，或是自家銷售部隊）的佣金稍高一些。所以，會賣投資型保單的理專或業務員，講白了，多數是因為「公司績效考核」的動機，少數則是來自於「保戶的朋友因為投資型保單而賺了錢」，才會主動向業務員詢問。

那麼，來自佣金的動能，真有那麼強嗎？據業務體系私下透露，業務員的佣金，差不多是保單管理費用的 1 ～ 1.5 或 2 倍。以某家公司的躉繳型變額壽險為例，其保單管理總費用是 6%，而該公司給銷售業務員的佣金率是 8%；另一家壽險公司，只收一年 2.16% 保單管理費的保單，給業務員的佣金率則是 5.1%。

這樣的數字，雖然看起來不高。但是別忘了，一般躉繳保費的最低保費，差不多都是 30 萬元起跳（當然，也有最低 10 萬元的）。假設保戶一次所繳保費高達百萬元，那麼，業務員賣一張保單，就可以拿到 6 ～ 8 萬元的佣金收入。而這，還不包括公司額外的業績考核獎金。

業務員不熟投資操作

根據個人的了解，不是有太多的業務員或理專，會選擇「主賣」投資型保單。為什麼業務員不喜歡賣投資型保單？有以下幾點理由：

投資畢竟與保險保障範圍差距甚大，所以，對投資並不在行的業務員，自然很難提供正確建議給保戶，透過正確的資產配置及定期的標的檢視，讓投資型保單的保單帳戶價值持續而穩定地增長，以符合「保戶的身故全殘保障，可以藉由資產的增值而提高」的目標。

理專賺不到「帶進帶出」的手續費

過去據銀行理專私下表示，除非客戶是進行定期定額投資，否則，理專為了手續費收入（當然是為了「配合」銀行的政策及要求），總是會三不五時地要求客戶「轉換標的」。

除非理專有本事讓保戶頻繁買進不同張投資型保單，否則在「保單佣金只有一筆（沒有後續佣金收入）」的前提下，銀行理專自然不會喜歡賣這種「賺不到什麼後續轉換手續費」的商品。

投資型保單沒有「增買其他險種」的機會，後續生意難做

還有，投資型保單只有「加買」的問題，不會有「增買其他險種」的機會，業務員後續難做生意。保戶只買一張保單，後續就只會增加投資金額的份，業務員將很難賣其他話題性保險商品，自然就很難賺到保戶新商品的佣金。

不可否認，過往就是因為保戶弄不清楚投資型保單的內容（據一位業務員所述，光是提到基金「配息」的這個概念，大部分的保戶就已經聽不下去了），再加上業務員也是一知半解（不誇張地說，個人接觸到的業務員裡，能如實交待各項所收取的費用，按著公司給的銷售話術，一字不差地「照本宣科」的業務員，就已經算是非常「用功」且「專業」的了。若要再進一步詳細詢問他們有關「基本保額與投保金額的不同」，或是「甲乙丙丁戊型到底有何差異」等問題，就完全是「狀況外」），也才造成那麼多的銷售爭議與糾紛。

由於不論是透過哪一個通路所銷售的投資型保單，保戶幾乎都是「被動推銷」的一群，幾乎沒有客戶會向銀行理專或保險業務員，主動購買投資型保單（或其他任何金融商品）。

通常來說，如果是透過券商銷售，幾乎賣的都是沒有壽險保障的變額年金。這是因為，證券（財富管理）通路的客戶都是短線投資人，不想讓危險保費吃掉投資收益。至於銀行及保經代通路，賣最多的是變額萬能壽險，因為他們對於客戶的銷售話術可以用「就算虧錢，還有一定的壽險保障，可以進行資產傳承」。

然而弔詭的是：幾乎沒有一位客戶，真正知道自己被扣掉多少的危險保費？自己是否真的適合買投資型保單？又或是「適合哪一種的投資型保單」？所以，為了幫助保戶，藉由一些簡單的對話，探探銷售人員對於投資型保單的專業程度，或是了解業務員在銷售並賺取佣金之餘，到底有沒有真正站在保戶的立場設想，並且做出最佳的良心推薦？個人建議想要購買投資型保單的保戶，在真正付錢之前，至少要向業務員或理專，問清楚以下問題：

問題 1、為什麼你會推薦這張投資型保單給我？它哪一點適合我？

個人認為從這個題目，其實可以知道業務員，是為了推銷而推銷，或是真正為保戶需求考量下的良心推薦。

問題 2、這張投資型保單的費用有多少？

請保戶一定要注意「所有費用」的收取。不能只看看得見的「保費費用」及「代操費用（類全委保單收的帳戶管理費）」，還要知道所有看

的見，與隱藏起來的總費用。

問題 3、這是屬於「資產撥回」的類全委保單嗎？

　　建議保戶一定要問以下幾個相關問題：請問它與「連結月配息基金」的投資型保單有何不同？這張保單的預計撥回率有多少？確定是每月撥回嗎？單位淨值低於多少，就不會撥回？「所領的配息，會不會配到本金」？「如果領息，可以領多久」？是否可以告訴我這個帳戶過去的配息（撥回）狀況，以及它的波動率等資料？

　　之所以要特別詢問理專或業務員，此一系列問題的目的是：投資型保單所謂的「撥回」，並非是每月固定的。保戶可以由此問題，測驗一下銷售人員是否誠實？還是只是為了吸引保戶，而做出不實的保證？目前，各個類全委保單的年化撥回率，普遍約有 5% 的水準。當然，撥回率越高越好，但是，投資人也要考慮撥回率太高的（例如 8～10% 以上），基本上很難不配到本金的，特別是這段全球股債價格都大幅下跌的期間。所以，保戶除了問撥回率高低外，更要進一步詢問連結標的的風險程度（例如 α、β 值及標準差等）如何？才能做為自己是否真正購買的參考。

　　另外，如果銷售業務員連配息標的的波動率資料都沒有，還要繼續跟你扯「過去的績效，不代表未來」，或是「投資要看長期，不是短期波動」的話，保戶可能要特別小心，自己只是「被主動銷售的待宰肥羊」而已。而假設看到的「含息報酬率」走勢圖曲線，一路平坦或向下走，你幾乎可以確定，這絕對不是你應該選的標的。如果擔心有可能無法每月都領到固定資產撥回，且不能接受配息會吃到本金的保戶，真的就不適合選擇資產撥回的保單。所以，千萬不要勉強自己，買這種不適合自己的保單。

問題 4、為什麼只推薦一張保單給我？

「你為什麼只有推一張給我，可否推薦至少三張讓我挑，同時請建議我購買的優先順序，並告訴我你推薦這個順序的原因？」保戶可以由這個問題，側面了解銷售業務員的推薦邏輯，以及他是否真的了解你的需求？並且是從你（妳）的需求優先次序進行推薦。

問題 5、你會推薦哪些基金給我？原因何在？

「不論保單所連結的是眾多的基金、ETF 或類全委帳戶，請問你會推薦哪一些基金給我連結？請問你推薦這檔標的的原因為何？」雖說標的是他人推薦的，錢卻是自己的，不代表保戶就一定要照著對方的推薦而投資，但保戶卻可以由此，看出業務員推薦的心態，是否是從客戶的需求角度出發？以及考驗其對於國內、外經濟、金融現況及趨勢的看法及掌握？

儘管銷售人員不具有證券分析師資格，可以合法將投資人「帶進帶出」。但不要忘了，投資型保單與投資績效密切相關。一位對金融投資市場不熟悉的人，很難提供保戶什麼專業的投資建議。甚至，可能連幫忙搜集有利於保戶，進行正確投資決策的能力也沒有。

問題 6、我買的投資型保單，未來需要繳納哪些稅金？

不可避免的，許多保戶之所以會買投資型保單，也是著眼於保險具有一定的節稅功能。然而，根據國稅局的實質課稅原則，並不代表每一位

保戶，都能享有保單的節稅優惠。假設你問這個問題的時候，業務員全都回答「是的，只要是保單，全都有節稅效果」，而不是「前提是如此，但國稅局仍有一些特例，例如 XX 狀況」，那麼，請你一定不要跟這位既不專業，可能只是想賺你佣金的業務員購買保單。

問題 7、我該買變額（萬能）壽險？還是變額年金？

「你認為我應該買變額（萬能）壽險？還是變額年金就好？為什麼？你賣我的這張變額（萬能）壽險，其危險費率是採取第幾回合生命表」？問這個問題的目的，是為了確認這位業務員，是否是真的了解你的需求，而不是為了業績，就隨便推銷一張投資型保單給你。當業務員跟你說：「買有保額的變額（萬能）壽險，就算投資虧損，還有一定的壽險保障」時。如果對方沒有辦法給你一個滿意的答案，證明你確實還有一定的身故、失能保障缺口，否則，請一定要遠離這樣的業務員。

另外，採用「第五回合生命表」，以及「第六回合生命表」的同一性別、年齡、保額的危險保費，可以差到 3 ～ 4 成左右（請見圖 2-2）。所以，除非保戶只買變額年金險，否則，就一定要注意這部分危險保費的收取標準。而且，一定要請業務員，證明賣你的這張保單，危險保費是按照第六回合生命表收費。

圖 2-2

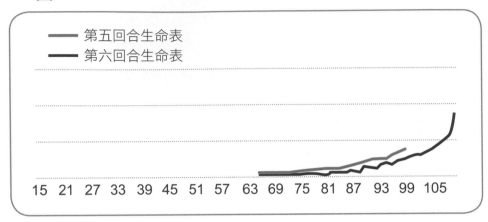

第五回合生命表
第六回合生命表

15　21　27　33　39　45　51　57　63　69　75　81　87　93　99　105

問題 8、保單好處多，但有何缺點或風險需要注意？

「你說了這張保單的許多好處，請問它對我來說，會有什麼缺點或風險，是我需要知道及注意的？」業務員通常不會說推薦標的壞的一面。但是，這卻是考驗業務員，是否有站在客戶的立場思考的重要關卡。

舉例來說，資產撥回並非固定的，假設對於已經退休，每月就需要這筆錢過日子的保戶來說，就根本不適合這種保單。又例如許多高年化撥回率的保單，儘管可能「保息」，但可能是完全「不保本（也就是配息會吃到本金）」，甚至換成台幣之後，還有大幅的匯損，對於希望每月有穩定收入的保戶來說，恐怕也是非常不適合。

投資型保單的
購買技巧

3-1 **可與投資型保單連結的「標的物」？**

國內的投資型保單可以投資、連結的標的，以國內外共
同基金（包括股票、債券等）為主。另外，也同時包含
全權委託投資帳戶（俗稱的「類全委帳戶」）、指數股
票型基金（ETF）、結構式債券、目標到期債、目標日
期基金，或貨幣帳戶等連結標的。

　　投資型保單的「投資平台」，其實就是先經由保險公司的篩選，然後
挑選出許多不同類型投資標的，提供給不同投資屬性（例如保守、穩健、
積極型）的保戶，進行投資連結。

　　目前，國內的投資型保單可以投資、連結的標的，以國內外共同基金
（包括股票、債券等）為主。另外，也同時包含全權委託投資帳戶（俗稱
的「類全委帳戶」）、指數股票型基金（ETF）、結構式債券、目標到期債、
目標日期基金（又稱生命週期基金），或貨幣帳戶等連結標的。然而，隨
著投資型保單的「愈發愈多」，其所連結的投資標的也不斷地推陳出新，
進而出現兩極化的差異。有些保險公司所推出的投資型保單，所連結的標
的不但支數少（例如只有一檔類全委帳戶），所連結的基金公司更可能少
到只有「一家」合作對象。有些保險公司所連結的標的，支數甚至高達七、
八百支以上，範圍除了各個類型及投資屬性的基金標的外，曾經還包括
了「作多」及「放空」的商品，讓保戶在不同的景氣環境與波段行情之下，
都能夠挑選得到最適合的工具。（表 3-1）是從以前到現在，所有投資型
保單所提供過的投資連結標的一覽表。

保單的連結標的物愈多愈好？

既然投資型保單脫離不了「投資」，而「分散風險」又是投資獲利的重要竅門之一，如果保戶選擇的保單能連結的標的愈多樣化，就愈能發揮以上的效果。而所謂的「多樣化」，其實是與「投資標的數目」、「選擇支數」以及「基金種類」等關係最密切。

據統計，除去類全委型投資型保單外，保險公司所推出的投資型保單，連結標的數量最多的大約有近千檔，最少的也有二、三十檔。儘管連結標的數目多，不代表每檔基金的表現一定能讓保戶獲利，但至少表示了「保戶具有很大的選擇空間」。事實上，連結標的多樣化不該只表現在數目的多寡上，應該同時表現在合作基金公司的「家數」上。因為熟悉基金投資的人都知道，每一家基金公司，都有其特別專長的區域。

一家基金公司旗下的多檔基金中，可能只有某一檔基金可以成為該類型基金中的「績優生」。所以，如果連結標的涵蓋不同的基金公司，比較容易找到各類型基金中的第一名來投資。就現今各家保險公司當中，連結家數最多的可能是分散在將近十幾、二十多家的基金公司商品裡。

但同樣地，連結標的數目多，以及連結基金公司或金融機構多，也不一定代表保戶每一次能夠連結的基金數也是最多的。因為各家保險公司都會訂定「每次投資各檔基金的比例上限」。

假設某張投資型保單規定，保戶投資單一基金的「金額上限約是10%」，表示保戶一次投資基金的總數，不會超過 10 ～ 12 檔各類型的基金。

表 3-1 投資平台的連結標的

	標的		
由保險公司決定	帳戶全委		全權委託投資又稱為「代操」，以委託專業投資機構的方式進行投資，種常見於高資產族群與法人機構的金融服務，透過投資型保單投資全權
	結構債		投資標的由保本的零息債券，以及選擇權所構成。債券部分可提供一定生不同的風險與報酬。
	目標到期債		指基金所投資的一籃子標的，全都是同一到期日（例如 6 年）的債券。 一是這類保單都有「募集期間」。由於目標到期債券，都有固定的到期是保戶隨時想買，都一定能夠買得到。 二是這類保單都有「滿期保險金」待連結標的的運用屆滿後，且被保險人給付滿期保險金。該契約效力在投資標的的運用期屆滿後終止。不過儘管
由保戶自行選擇	各種共同基金	股票型	可區分為國內、全球、單一區域與單一產業等股票型基金，
		債券型	主要投資標的為債券與貨幣市場工具。報酬來源以債息收投資標的多為公司債、公債、可轉換公司債等風險較低，性風險，而國內債券型基金，多數都有國際認證公司給予
		平衡型	投資一定比例在固定收益工具例如債券，以獲取穩定的利平衡型與保守平衡型基金。一般平衡型基金股債比約 7：3；股市低迷時，藉由該類型基金機制，自動調節持股，著重
		組合型	組合式基金是「以基金為投資標的」的基金，可進一步分 of funds）」。一般基金的投資標的不外乎是股票、債券
		保本型	通常投資於債券或定存等固定收益工具。再以孳息部分投得「收回投資本金至少某一約定百分比」（保本率）的資
			以 100% 的持股比率，按標的所占標的股價指數比重分配灣 50 指數、S&P500 指數、歐洲 S&P350、道瓊工業指數
		不動產證券化型	投資標的為不動產證券化商品，以追求長期穩定報酬為主
		貨幣型	包含國庫券、短期票券、定期票券、定期存單、銀行及商
		生命周期型	以退休為規劃的基金，其資產配置（例如股票、債券比例）投資比重。
	貨幣帳戶		做為保戶未決定投資之前，資金的暫時停泊處。

註：以上標的為所有曾經開放過，保戶可以選擇的標的，並不代表現在保戶一定可

並針對客戶需求，量身打造專屬之投資策略，讓投資人不需時時緊盯市場波動。這
委託帳戶，讓小額資金的投資人，也能享有法人級的金融服務。

的保本率；投資選擇權的部分，則將視投資標的（例如利率、ETF、投票指數）產

一般來說，連結這種標的的投資型保單，具有有幾個特色：
時間，所以，連結這類投資標的的投資型保單，都有一定的「募集期間」，不

仍然 生存時，保險公司依附表裡所示的資產評價日之投資標的單位淨值計算之金額
投資型保單所連結的標的是「目標到期債基金」，但在到期日之前仍有收益可配發。
以股票為主要投資標的。平均投資於股票 70% 以上，波動較大，但可能報酬也較高。

入，以及債券價格變動的資本利得為主。分為國內債券型基與海外債券型基金，
或是風險較高的高收益債券。一般而言，債券型基金主要風險有信用、利率與流動
的信用評等。

息收入；剩餘比例資金則投資在股票，以追求股市長期成長的收益。可區分為一般
保守平衡型基金則為 1：9。投資人透過平衡型基金可參與股市上漲的利得，也可在
佈局至債券，避免股市下檔與波動。

散風險，以及節省各個基金間轉換的麻煩。簡單來說，就是「基金中的基金（Fund
等，但這種組合式基金所投資的標的，正是這些各式各樣的「基金」。

資於衍生性金融商品，以期獲得超額報酬。且至少可以確定在投資契約到期時，獲
金。

選股，且基金淨值漲跌與指數漲幅同步，或反向的一種股票型或債券基金。例如台
等。其中，漲跌呈反向的就是「放空型 ETF」。

要投資目標。

業本票（CP）、可轉讓定期存單、公債、公司債、金融債券、資產證券化商品等。
將隨著退休年份的靠近，而逐年自動減少高風險的股票部分，並提高保本的債券

以選擇的標的。

目前，保戶一次連結支數最多是 12 檔，少則 5 檔左右。至於對保戶來說，一次連結的數目愈少，當然就愈無法透過「分散」的方式，降低選錯標的的風險。

此外，保險公司連結標的的多寡，有可能是優點，也可能是缺點。因為投資性格較為積極且投資能力較佳的人，比較適合選擇標的多的保單或保險公司；自認沒有太多時間或能力挑選的人，「標的多」也許反而會開始傷腦筋了。

然而，投資績效關係到保戶未來的績效表現及保障金額的高低，保戶在選擇時，不能只單純看投資標的數目的多寡，還應該考慮保險公司所選標的，是否充份地分散在不同的產業、地區及風險屬性？

連結「固定配息型基金」的投資型保單 vs. 提供「資產撥回」的類全委型投資型保單

基金市場中的月配息高收益債券基金，一直以來就是就很受退休族歡迎。因此，到了 2009 年，一些以銀行通路為主的壽險公司，也順勢推出連結「月配息基金」的投資型保單。

壽險業者之所以會推出這種「固定配息」的投資型保單，主要是因為投資市場的不確定因素太多。特別是 2008 年金融海嘯之後，整體投資市場環境不佳，大部分的投資人飽受資產縮水之苦。

根據業者的分析，這種「固定配息（最常見的是月配息）」基金，具有以下特色：每月現金配息（高於通貨膨脹率）、本金安穩（債券型基金波動率較低）。尤其是每月現金配息的設計，正好可以做為退休規畫

資金來源。

此外，自 2013 年 1 月二代健保 [1] 補充保費上路之後，由於壽險保單的生存保險金，或是配息所得屬於「海外所得」的債券基金，不用納入二代健保補充保費的扣繳範圍，既不用計入每人每年 27 萬元儲蓄投資特別扣除額，自然成為精打細算投資人的投資平台首選。

早期，市場上所銷售的「月配息」投資型保單，並不只限於能提供月撥回的類全委保單，通常是從保險公司所「挑選」的多個「一籃子每月固定配息」的債券基金標的中，尋找連結對象。

也就是說，如果保戶沒有選擇「月配息」基金當投資連結標的，是不可能享有「固定每月配息」的好處的。但相對的，只要保戶所選的基金，是採取「固定配息」的基金標的，保單名稱是可以訴求「固定配息」的。

之後，一種號稱能幫保戶「全權委託投資」的類全委型投資型保單的出現，幾乎襲捲了整個市場的配息投資型保單的佔有率。所以，目前所謂的「月配息投資型保單」，幾乎是「提供撥回機制」的類全委投資型保單的天下了。

投資型保單的「固定提領（提解）」，講的就是「撥回」機制，是指全權委託投資帳戶，每年提解固定比率給保戶，讓投資人適時獲利了結。

固定提解又有公司叫做「固定撥回」，簡單來說，「固定撥回」很像

---

1. 二代健保是指在 2011 年 1 月 4 日修正的「全民健康保險法」，而其與一代健保的最大差異，除了「節制資源使用，減少不當醫療」等各項的節流手段外，最主要的就是想從「開源」的角度，也就是「補充保費」的收取，來擴大保險費基（增加保費收入），以及強化量能負擔精神（讓高收入者多繳費）。而補充保費的課徵對象主要是：高額獎金、執行業務收入、兼職所得、股利所得、利息所得，以及租金收入等六大項。

是一般投資人所熟悉的「固定配息」，但與「固定配息」不同的是：固定撥回」並不像「固定配息」那樣「定時（每期都有）」及「定量（每期金額都相同）」。

根據業者說法，這種藉由全權委託代操（將資產交由專業經理人代操），在一定時間撥回資金（類似基金「配息」一樣）給投資人的投資型保單，可以提供給保戶一筆明確的現金流量，方便個人及家庭生活上的各種資金需求，例如家長每月、每學期需為子女準備生活費、學費，退休後每月生活費，都可以此方式來規劃及運用。然而，同樣是「固定提供保戶一筆現金」，這種「固定撥回」的投資型保單，又與大家更熟悉的「固定配息」保單有什麼差別呢？如果單純從「領到配息」，以及「不提供保本、保息保證」的結果來看，兩者其實是相同的。不過，實際上兩者還是有些許差異—因為兩種保單的配息來源不同。

以月配息保單為例，是由保戶自行選擇「固定配息」基金，因此，保戶的「配息率」就會因為基金選擇及組合而有所不同；而這種固定撥回機制的保單，則是只有在選擇「全權委託投資管理帳戶」時，才會有的「額外服務」。

另外，保單在「撥回」制度上有些特別規定的重點：

一、撥回機制並不是「保證會有」。例如遇到投資組合中，資產產生流動性不足，而造成基金投資無法贖回、法令或主管機關限制等狀況發生時，保險公司也將暫時停止撥回，要等到事件解除後才能繼續執行。

二、考量保險公司作業成本因素，就算帳戶中出現投資利得，卻不見得一定會撥回給保戶。通常，保險公司都會在契約中明訂撥回條件，例如投資帳戶中的淨值，高於前一個月的一定比率，才會啟動並執行撥回

表 3-2 月配息投資型保單 vs. 資產撥回投資型保單

	月配息投資型保單	固定提領保單
量身打造	無	全權委託管理帳戶
保證本金	無	無
保證收益	無	無
經理費	保戶選擇愈多，所支付的經理費也愈多。	只須支付一筆經理費給委託操作的基金公司。
連結標的	主要是高收益債月配息基金	全權委託投資管理帳戶
保單名稱	可以用「固定配息」字眼	不能使用「固定配息」字眼，只能在保單特色及契約條款中出現提解、提減、撥回等不同字眼，但講的都是同一件事。
配息門檻	一般每月超過 2,000 元才配息	
優點	1. 若有穩定的配息，方便有固定資金需求者（例如退休人士）運用。 2. 多檔月配息基金可供保戶選擇。 3. 境外投資標的的配息，並不計入個人綜合所得的「每人每年 27 萬元儲蓄投資特別扣除額」中計算，也不用課二代健保補充保費。	1. 若有穩定的配息，方便有固定資金需求者（例如退休人士）運用。 2. 境外投資標的的配息，並不計入個人綜合所得的「每人每年 27 萬元儲蓄投資特別扣除額」中計算，也不用課二代健保補充保費。
缺點	1. 基金配息並非保證，保戶必須自行承擔投資風險，且配息的發放有可能侵蝕到本金。 2. 特別是「後置（收）」型保單，投資前幾年解約（部分提領），必須支付一筆不低的解約（部分提領）費用。 3. 當債券價格下跌、發行公司違約時，將造成本金的損失。 4. 由於一般是以外幣計價，所以保戶可能會有匯兌損失。	

機制。至於撥回機制的條件，每家保險公司的作法都不盡相同，大約可分為「固定息值」與「固定息率」兩種（請見「固定息值」與「固定息率」的解說），且資產撥回之後，保戶還可有以下三種選擇：

（1）現金匯入客戶約定的帳戶。

（2）現金匯入客戶指定其他投資標的。

（3）再投入同一標的。

假設配息是要匯到客戶指定帳戶，保戶未來想要將這筆資金「再投資」，則需要再支付一筆保費費用。所以配息後，直接再投入某標的，免收。至於費用，每個商品都會訂立，「單筆追加」時的費用率，一般不會超過 3%。

撥回門檻一般來說，當然是「越高越好」，因為這樣比較不容易「配到本金」。但是，對於希望每月都能有配息（現金收入）的保戶來說，這就會是一大缺點了。

「固定息值」vs.「固定息率」

目前類全委保單在「固定提撥」上，各家壽險公司除了在「撥回資產」的規定不同外，較大的差異是：「固定撥回」還有分「固定息率」及「固定息值」兩種。

簡單來說，前者（固定息率）是依保單帳戶價值的固定比例「提撥（請見表 3-3）」，也就是保戶每期所領的金額是不同的；至於後者（固定息值），則是「按固定金額提撥（請見表 3-4）」。也就是說，不論保單帳戶價值是高、是低，保戶所領的金額都是相同的。

　　「固定息值」的好處是：每期所領金額固定，因此，頗受到退休族的歡迎。但問題是：當保單帳戶價值持續向下之際，保戶「配到本金的機會也會更多」。

表 3-3 固定息率圖

每月撥回	每單位資產提減（撥回）年率		
	NAV ≦ 9	NAV>9	
	4%	5%	
每季加碼撥回機會 （1、4、7、10月）	加碼撥回每單位資產提撥（撥回）年率		
	NAV ≦ 10.15	10.15<NAV ≦ 10.5	NAV>10.5
	不加碼	1.5%	3%

資料來源：某壽險業者 DM

表 3-4 固定息值圖

每月撥回	每單位資產提減（撥回）年率		
	NAV ≦ 9	NAV>9	
	0.03333	0.04167	
每季加碼撥回機會 （1、4、7、10月）	加碼撥回每單位資產提撥（撥回）年率		
	NAV ≦ 10.15	10.15<NAV ≦ 10.5	NAV>10.5
	不加碼	0.0375	0.075

資料來源：某壽險業者 DM

選擇連結目標到期債基金，保戶該注意什麼？

儘管目標到期債看起來，波動性沒有一般債券來得高，但仍應注意以下幾個投資重點：

一、目標到期債雖然風險較低，但並不表示「完全沒有風險」。距離到期時間短的債券，雖然價格波動較低，但也並非完全是「無風險」。因為投資人要看的重點，並不在於「債券到期日」，而是一籃子債券的組合內容。

特別是在市場利率走升，或在經濟走壞之際，越是信評不佳的債券，其所受到的影響就越大。其中影響最小的是「債券價格的波動」，嚴重一點的則是「違約導致債務重組或減記」，最嚴重的則是「血本無歸」。但以上不論哪一種，都同樣會影響到一籃子債券基金投資人的收益高低。

同時，就算投資人所買的基金，是所謂的「一籃子債券」，且有一定比例，是投資在所謂的「投資等級債」上。然而，就算是投資等級債，也還是有「品質高低」，以及可能會被調降信評，從投資等級債券變成垃圾債券的風險。

所以，如果保戶一定要選目標到期債券型基金，請務必要清楚了解裡面到底有那些類型的債券，以及它的信用評等。雖說信用評等隨時會變，但至少是投資人在挑選「獲利穩定，但風險相對較低」債券的重要指標之一。以非常保守的投資人為例，基金裡的一籃子債券中，AAA、AA 或 BBB+ 信評的標的，至少要佔七、八成左右才好。

二、債權清償順位不是重點，信用評等才是重點。優先債權債券雖然具有「優先清償」的地位，但也不表示投資人買了，就可以 100% 高枕

無憂。一但發債主出現「資不抵債（資產小於債務）」的情形，投資人一樣會面臨血本無歸的景境。

三、注意保單試算表的「預估年化報酬率」數字有「灌水」之嫌。因為，這並不是「反應保費費用」之後的數字。且更重要的是，以上數字，還是以「原投資幣別計價」所算出的報酬率。如果保戶買的是外幣保單，像是幣值持續下跌的南非幣、澳幣或人民幣，未來換成新台幣的獲利，還必須先扣除掉一筆匯兌損失，才能進到自己口袋裡。

說到底，由於目標到期債券，以及連結它的投資型保單，都有一個固定的「到期日（最多 6 年）」。所以，它終究只能算是「短打」的工具，並不適合長期投資。

最後，對於已經投保了這類保單的保戶，最最關心的恐怕是：如果現在保單帳戶價值已經大虧兩成，一旦解約還要多付一筆解約費用，那到底是「該留」？還是「不該留」呢？事實上，選擇這類標的的保戶，未來能否「保本、保息」，就得看這一籃子債券裡，有多少標的會在未來這段期間，出現任何債券違約、重組或減記？一旦出問題的標的越多，基金投資人就有可能無法達到原本的預期收益的。

由於未來時間（至少得持有 6 年）還很長，為避免「夜長夢多」的情況發生，個人建議可以根據以下幾個指標－「一籃子標的信用評級高低」、「投資標的佔整體資產比重」，以及「未來債券到期前，是否會用到這筆錢」，來決定如何處置？

簡單來說，如果這類商品所投資的債券，高品質投資等級債所佔比重高，或是這檔商品只佔整體投資資產的一小部分，且未來債券到期這段期間，並沒有特別需要這筆錢，那麼，保戶也許可以繼續持有到期，並「賭」

它最後有機會「保本、保息」。但是，假設保戶絕大部分身家，通通擺在這類商品之上、所含高品質投資等級債券的佔比不高，且在未來債券到期這段期間，很有可能需要動用到這筆錢，那麼，「選擇離場」也許會「短痛」，但至少不至於「長痛」。

購買「連動債」保單的注意事項

連動債保單的運作模式是，將保戶進入保單帳戶裡的錢，先去購買一張固定期間到期（與保單的到期期間相同）的零息債券。由於零息債券是到期一次還本，所以，在到期之前的價格一定是「折價」（低於本金）。至於買零息債券所剩下來的錢，則是用來買一個股價指數、利率等選擇權商品。

一般來說，結構債有以下投資風險，值得有興趣的保戶了解與多多留意：

一、所謂的「保本」，是指保戶所繳保費，扣除所有附加費用之後的「本金」，並不是保戶原先所繳保費。舉例來說，如果保戶拿 10 萬元保費買保本型投資型保單，但是保單扣掉 5,000 元的附加費用後，只有 95,000 元才是投資的「本金」。因此，未來就算這張保單號稱「100％保本」，也只是指「95,000 元」這筆錢而已，並不是原先所繳的 10 萬元保費。

二、保本是有時間限制的，也就是「時間到才保本」。保戶能拿到的「保本率」，是買保單「一定時間」（須看發行期間而定，一般為 6 到 10 年、15 年不等）後才有的。如果保戶在中途贖回保單，不但不能保本，

還會被扣掉一大筆的提前贖回費。至於提前贖回費可能只有本金的 8～9成水準。

　　三、保本只限「原計價幣別」。一般來說，連結結構債的保本型投資型保單，多半是連結海外基金、股價指數等，因此通常是以美元，或強調更高「配息率或保本率」的紐、澳或南非幣計價。儘管澳、紐及南非等地的利率水準的確較高，但是別忘了，澳、紐幣匯率一向是上沖下洗、震盪幅度較大的貨幣，匯兌損失在短時間就可以達到 10％。因此，匯兌損失常常可能會全部吃掉你的報酬率，讓你面臨極大的「匯兌風險」。

「貨幣帳戶」的作用？

　　現在你應該就清楚了，保戶可以透過投資型保單分離帳戶裡的資金進行投資，以便獲得一定的資產累積。但是，投資市場不是天天都是「大晴天」，總有時候會遇到市場大幅下跌或波動，經常讓人不知所云！或是在市場行情到頂之際，想從股票或債券市場收手、停利出場的時候，手中的這筆資金不曉得該放在哪裡？

　　正因為考慮投資型保單保戶的這些需求，投資型保單都會提供給保戶一個特別的帳戶，也就是在他們空手或不想進行任何投資之際，設有一個暫時停泊資金的地方。這個帳戶，就是所謂的「貨幣帳戶」。

　　簡單來說，所謂的貨幣帳戶，其實就是類似銀行活存或活儲的一個戶頭。保戶暫停投資的錢，不但有個地方可以存放，還可以享有一定的利息收入，不讓這些資金完全閒置、毫無產值。

　　目前各壽險公司銷售的投資型保單中，所提供的貨幣帳戶幾乎都有

「台幣」及「美元」兩種，有的還額外提供熱門的歐元、澳幣等貨幣帳戶，能夠讓保戶將資金停泊在這些帳戶中，等到有利的時機再進場。而且，多元化的幣別選擇，也可以減少保戶再進場之際，避免受到國際匯市波動下的匯兌損失風險。

保險停看聽

我該選哪種「貨幣」帳戶呢？

既然貨幣帳戶的功能，是保險公司提供給保戶，在後市、行情未明之際的資金暫時停泊的地方。保戶在選擇貨幣帳戶時，最好選擇「與較為看好市場計價幣別相同」，以及「強勢貨幣」為主。

舉例來說，如果未來看好美國市場、美元也將走強，但覺得現在還不是最佳的投資時機。此時，保戶可以選擇「美元」的貨幣帳戶，一方面享有「美元升值」的匯兌收益，另一方面也不用擔心實際進場時，還要經過一次匯率轉換的手續（費用）。

3-2 如何選擇連結標的物？

投資型保單的投資權利完全來自保戶本身。而投資損益也將嚴重影響保戶未來保障的高低，以及能否在限期內達到退休規劃的目標（保單帳戶價值累積足夠的退休基金）。所以，投資標的的選擇，將會是保戶投保後，能否達到原定目標的最大關鍵。

接下來，我要特別來談投資型保單的標的選擇。整體來說，個人建議保戶在選定投資型保單的連結標的時，可以依照以下兩大原則與方向進行：

原則 1、不論長期投資或短線操作，每一個人都要遵守「資產配置」的原則（也就是將資金，分為「核心投資」與「衛星投資」的不同）。而且，越是長期的投資規劃，越應該要拉高股票的比重，才能夠提高整體投資報酬率。

這是因為現有勞工退休金，仍存有一定的不足缺口，廣大上班族如果想要用比較輕鬆的模式，而拉高自己的退休金數目，就必須採取「穩健積極」或更為「積極（較為年輕的上班族）」的策略。

原則 2、「對於投資的熟悉度」，將是保戶選擇「自選投資標的平台」與「純類全委帳戶」投資型保單的標準。舉例來說，如果是很了解投資，也有一定的投資基金或 ETF 經驗的保戶，可以直接選擇「擁有眾多基金、ETF 標的」的投資型保單；假設完全不懂投資，更沒買過基金的人，則可以優先選擇「類全委帳戶」型的投資型保單。然而，同樣是選投資型

保單，挑「自選投資標的平台」與「類全委帳戶」時，卻是完全不同的邏輯與標準。以「自選平台」為例，保戶應該挑的是「擁有標的數最多，且涵蓋各種投資區域、產業及風險屬性」的投資型保單。

至於挑選「類全委型投資型保單」，由於「買類全委保單，就等於是在選代操公司」，再加上每一檔類全委帳戶的投資策略不同。所以，保戶必須依照「與自己投資策略相合與否」，做為挑選的重點。

舉例來說，假設保戶預計在未來 10 年內就退休，當然可以選擇屬性較為保守的類全委帳戶類型；但是，假設離退休還有一段時間，或是已經退休的人，但有基本的退休金收入來源，買投資型保單只是為了「過於長壽下，退休金準備不足的風險」，那麼，建議還是選擇較為積極或穩健一點的類全委帳戶。

不過，值得保戶注意的是：同樣以「保守型」類全委帳戶為例，儘管有不少家的壽險公司，都有推出類似的帳戶，但是，每一檔所重押的資產類別、產業遺風險屬性等都不同。還是值得想要購買的保戶，深入了解其中的內容。像是該帳戶的股、債比、持有現金比例、前十大投資標的物等。

而在了解以上的挑選大原則之後，接下來的重頭戲，就是個別標的的選擇。一直以來，「透過資產配置達到分散風險」的做法，一直是許多投資專家，對於投資理財上的良心建議。理論上，資產配置的精髓牽涉兩個重點，且都跟「股債間的分配」有極大關聯。一個是「不同年齡（或是投資屬性）的股債比」，另一個則是「不同時間點的股債比」。

換句話說，每位投資人應該先按照自己的年齡或是投資屬性，以及距離退休的年期，決定第一層的股債比。不過，就算距離退休年期相同，或投資年齡一樣，投資屬性也會改變每個人的「股債投資比」。

由於每年的全球股市景氣都不相同，因此，每人每年的股債比也應該調整，這就是第二層的「股債比」；最後，再順著不同國家的經濟成長狀況，決定第三層的「不同投資區域」。

資產正確配置的三大方向

如果想要享受正確資產配置帶給你「用較低風險，獲取最高報酬」的終極目標，不妨將資金分為「核心基礎」、「波段趨勢」以及「短線操作」三大方向。

首先，「核心基礎」代表核心資產（基金或 ETF），投資期間通常大於 5 〜 10 年以上，且不會任意變更的標的。一旦長期投資下去，投資報酬率為負的機會非常低。

那麼，保戶該怎麼找呢？一般來說，5 〜 10 年以上的平均報酬率不會是負值，才能透過時間複利效果，讓投資人的資產持續累積。而且，這類資產的波動不能太大，風險也必須相對較低。符合此條件的，包括全球股票型基金、固定收益型商品（非指風險高的「高收債（垃圾債）」基金）等。

其次，「波段趨勢」裡頭的趨勢性資產（基金或 ETF），投資期間通常在 3 〜 5 年之間，因為一個景氣循環通常不會短於這個期間。且當一個趨勢形成之後，中途突然改變的機會並不大。

最後是「短線操作」裡的特別選擇性資產（基金或 ETF）。一般是個別產業或國家的商品，例如能源、貴金屬（黃金）、單一國家或產業基金等，投資人可以透過短線波段的價格漲跌規律性，低買高賣。例如

冬、夏用油量大，想買能源基金的人，可以在這段用油高峰期之前進場，等油價到達季節性高點時賣出。

個人認為，特別是要進行「短線投資」的時候，恐怕就適合挑選自選基金平台的投資型保單。因為透過基金平台，可以一年轉換 10 ～ 12 次（甚至可能無限次），完全不收任何轉換費用，適合頻繁轉換基金的投資人。

最後，個人想在此特別説明一下，許多保戶所存有的迷思—既然是長期投資，就千萬不要「停利」，以免阻斷了「複利」累積的效果。但是，那其實是指「適合長期投資」的標的。例如最近俄烏戰爭之下，有的基金淨值衝上了天（像是能源類基金，或是擁有豐厚原物料及能源資源的國家，像是巴西、印尼、拉丁美洲等國基金）；但相對的，因為發兵而被美國及北約國家制裁的俄國，其相關基金的績效，可以説是「跌入地獄」。由於俄國相關基金、ETF 淨值或市價大跌，發行機構面臨大量贖回壓力，在 2 月底、3 月底時，相關交易全面叫停。

而根據金融業者的説法：「如果俄羅斯 ETF 被強制下市，複委託就有可能會變成壁紙」。所以，保戶還認為就算是長期定期定額投資，所有標的都「不能停利或停損」嗎？

投資就是要賺錢，因此，「過往績效」就成為保戶挑選連結標的時，最重要的依據。然而，績效可分長期與短期，觀察的內容也會不一樣。儘管許多專家對於基金長期績效的期間定義，以及篩選時的比重各有各持己見，但基本上來説，「三年、五年績效排名在同類型基金的前四分之一」，算是篩選基金的第一道準則。

長期績效是基金投資人的重要指標，但不代表短天期表現不重要，如

果近期表現不佳，那就代表它是一個惡化指標（不過，假使惡化只是一種暫時的現象，仍然可以列入組合名單中）。

一般來說，投資型保單的基金選擇方式，與定期定額投資，其實沒有什麼太大差別。也就是說，屬於「核心資產」（基金）中的標的，應該選長期績效佳，同時風險小（標準差[1]小）的基金。績效表現先看長（3～5 年），次看中（1～3 年），最後還要參考短期（3～6 個月）的績效。

至於「波段操作的趨勢性資產（基金）」則是先看中期，次看短期，最後看長期，同時標準差也要小的標的。如果是「短線操作的特別資產」（基金）就應該先看短期，再看中長期，再搭配「標準差較小」的標的。要注意的是，在第三類的資產（「特別選擇」基金）中，標的多半是新興市場的單一國家基金（也包括單一的新興產業），由於波動性大，並不一定適合所有保戶。

選擇基金連結標的五大指標

當你參考長短期績效排名的篩選後，列入可投資的基金名單或許還很多。此時，可再根據下列幾項標準，縮小揀擇範圍。

一、標準差要小：投資要有獲利，一定會伴隨著風險，所以在選擇基金時，首先要挑「風險最小」，也就是「標準差」（波動率）較低的基

---

1. 標準差代表投資人持有基金期間，績效表現的「變異程度」，也就是「報酬率的波動性」。一般標準差越大的標的，其績效表現可能就會「大起、大落」，發生投資虧損的可能性就越大。

金標的。通常，單一國家或少數區域型基金的標準差會比較高。

二、夏普值要大：夏普值（Sharpe ratio）代表的是指基金的「相對報酬」，它的計算是以「每承擔一單位的總風險」，除以「可得到的風險溢酬」所算出來的數字。簡單來說，如果此一數值為正數，代表承擔風險是有代價的（有正的報酬）；但如果數值為負，代表承受這樣的風險，還不如把錢存銀行定存。

三、β 值要大：β 值是指「相對大盤的變動比率」，特別是投資人看對後市時，更應該選 β 值大者。不過我認為，不同屬性或目標的投資人，基金 β 值大小的標準也應該不同。例如投資人要找進攻型的標的，就應該選 β 值大的基金；選防守型標的則應該找 β 值較小的基金；而當股市處於超級大多頭時，也應該選擇 β 值大者。

總的來說，投資股票型基金或是風險承受度高的人，可以選擇 β 值大的標的；如果是投資債券型基金或是風險承受度低的人，則應該選擇 β 值小的標的較佳。

但這也並非絕對，當投資人採取不同的投資方式或標的時，選擇標準也要做些微調。舉例來說，採定期定額投資者，因為已經透過分批購買的方式，降低投入成本，所以，想要獲取較高報酬的人，比較適合選擇 β 值較大的基金。

四、表現優於同類型基金：說實在地，長期退休基金經理人使用的 β 值或夏普指標，也許對一般投資人來說，並沒有太大的參考意義。因此，投資人最簡便的方法則可以「空頭跌最少，多頭漲最多」，再加上「能打敗 Benchmark（指標）」的標準（例如歐洲基金以 DJ 600 指標、亞洲以 Morgan Stenlly 亞洲指標、債券則以索羅門美邦債券指數、公用事

業看 UBS Utility 指數、科技類股看 Nasdaq 指數等），如此比較出來的資料，也具有一定的參考價值。

事實上，Benchmark 只是投資人選擇的最低門檻，保戶在評比基金時，應該要找的是——表現不但要比 Benchmark 要好，同時也必是多頭及空頭市場中，同類型表現最佳的基金才行。

以平衡型基金為例，保戶應該以 1997 年（亞洲金融風爆）、1998年（俄羅斯股市大跌）、2002 年網路泡沫化，一直到 2008 年全球金融風暴這些年的空頭市場為基準點。假如該基金在這段期間內，加總的總跌幅最低，應該就是不錯的平衡型基金。

如果是選擇全球債券型基金，保戶則適合挑選「當股市上漲時，債券跌幅較低」的基金。所以，建議你以股市最好的幾年為基準（例如1999～2000 年，以及 2003～2007 年，以及金融海嘯之後，全球股市的大幅反彈期），債券型基金跌幅最少的基金。

當然，不同產業類別的基金，在不同時期的表現，也都有強弱不一的結果。所以細心一點的保戶，也許得多花點時間對照類股輪動的強弱走勢，才能夠真正幫自己挑到一支有潛力的獲利標的。

五、與投資地區同一計價幣別：儘管買海外基金都需要考慮匯差的問題，但是，選擇「與看好地區計價幣別相同」的基金，也是投資人應該注意的細節。舉例來說，美元計價的日本基金會反應匯率的升貶，但日元計價的日本基金只反應指數的漲跌。投資人如果怕未來收益會因為匯出、匯入而產生損失，可以在賺錢之後，先將資金停泊在日圓貨幣型基金裡面。

以上只是挑選基金的一般通則。假設依照這些步驟所篩選出來的標的

還是太多，我建議投資人，還可以根據「成立時間較久〈至少要 3 年以上，5 ～ 10 年以上更好〉」，以及「基金規模要大〈這與基金績效有關，因為過去表現佳，投資的人也會比較多〉」兩項標準作參考。

3-3 四大重點，選出能幫你賺錢的類全委帳戶

目前，開放全委代操的保單，就是被稱為「類全委」的投資型保單，其中主要保險平台為「變額年金」、「變額壽險」及「變額萬能壽險」三種。

變額年金由於沒有壽險保障，保費費用率大約在 2 ～ 3% 左右，所有保戶投入資金幾乎都可直接投資。至於變額壽險與變額萬能壽險，則會依照「基本保費」與「超額保費」的不同，各扣取「前 5 年共 150%（前收型保單）」，或是「3 ～ 5%（後收型）」的保費費用率。

當然，還有保單每月帳戶管理費，以及視各家壽險公司不同規定的贖回、部分提領，以及全權委託帳戶管理費等。至於所投資的共同基金經理費用與保管費用，則是由投資標的的淨值中扣除。

除此之外，這種類全委保單都會向保戶，收取一定比例的費用（類似「代操費」），所以保戶在購買前，還要考慮扣掉這筆費用之後，收益能否是自己能夠接受的？簡單來說，類全委型投資型保單與一般投資型保單的最大不同之處在於：「幫保戶的錢『委外代操』」。正由於多了這個「委由專家代操」的優勢，類全委投資型保單，也會額外收取一筆「類全委帳戶費用（一般為保單帳戶價值 1.5 ～ 1.7％左右）」。很多保戶及投資專家，都會因為壽險公司，多收了這筆費用，而認為是最不值得投資的投資型保單類型。

　　儘管這筆成本收費不低，但是，個人認為一般投資散戶想要請專人（專業機構）來幫忙「委外代操」，有其一定的投入資金門檻限制。目前，國內開放給投信、投顧業者所承做的「委外代操（正式的名稱應該是「全權委託投資」）」業務，最低的資金門檻是 500 萬元（但一般代操機構的最低門檻，實則要上千萬元），但以類全委投資型保單為例，最低的投入資金門檻只要 30 萬元。

　　至於代操的費用，據了解，目前一般投信公司的收費是：管理費比照勞保基金委外代操的基本管理費率，另外，還會按「獲利 20%」收取一筆「分潤費用」（但如果出現虧損，要將虧損「補回去」。例如第一年賺 500 萬元，投信公司收 100 萬元的分潤，第三年如果虧損 50 萬元，那麼在第四年，必須要獲利超過 50 萬元之後，才能依獲利金額收取 20% 的分潤），但類全委保單的「代操費用」則是 1.5 ～ 1.7% 左右，相對低廉許多。所以，儘管類全委帳戶無法「保證獲利」，但對完全不擅於投資，也沒多少時間做功課的人來說，它也許是一個稍微能幫助保戶進行紀律化投資，又能降低自己投資失誤的投資標的。

　　基本上，沒有時間長期追蹤國內外金融市場的投資動態，以及自認投資績效不如專業代操機構的保戶，比較為適合選擇這類全委保單；至於想要享受「自行投資」樂趣的保戶，就不一定適合這類保單了。只不過，雖然同為「類全委投資型保單」，其所能連結的標的，也不只限於「類全委帳戶」而已。一般來說，一家保險公司，可以委由一家代操機構（投信公司），成立一個「類全委帳戶」，且可以有多檔類全委投資型保單，連結此一帳戶；同樣的，一家代操機構，可以同時為不同保險公司，成立一個或一個以上的類全委帳戶，且名稱各有不同。

目前，各保險公司推出的類全委型投資型保單，其做法共有三種：其一是「一保單對應一個類全委帳戶」；其二，則是「一保單對應一個以上的類全委帳戶」；第三種則是推出不同於「類全委帳戶與各種基金、ETF」的組合。

對於保戶來說，第三種類全委投資型保單提供給保戶的選擇更多，也很容易在不同的類全委帳戶及基金、ETF 間轉換，對於保戶來說，自然是更有利一些。

只不過，個人還是想在此再三強調：民眾選擇類全委投資型保單的最大重點是「類全委帳戶」是誰在操盤，而不完全是在「推出的保險公司是誰」？也就是說，「選項多，雖然讓保戶有更多選擇，但仍不如所選類全委帳戶的績效長期表現佳」。

更何況，類全委檔數多，未必等同於「每一檔類全委帳戶的投資屬性或範圍更多元化」。所以，當類全委投資型保單所提供的類全委帳戶選項，都是市場中的「一時之選」時，那才是對保戶最有利的！

投資「類全委保單」的注意事項

過去，媒體上偶爾會刊登類全委保單銷售前 5 或 10 名的新聞。然而，一檔類全委保單賣的好不好，固然是受到保險公司及代操機構的品牌知明度、操作實績，以及通路（業務體系及銀行通路）銷售能力強弱的影響，不一定與類全委帳戶的績效表現有密切關係。

個人認為，想要透過類全委保單而累積財富的理財大眾，可以注意以下的四大重點：

　　重點 1、績效表現不能看短，而要長期穩定。理論上，投資人在挑選基金時，除了短期的績效表現外，至少要看一年、三年及五年（一般基金最好是看三、五年的報酬率）的績效表現，且要與同類型基金報酬率進行比較。投資類全委帳戶，自然也不例外。

　　在此，個人建議想要購買類全委保單的人，一定程度上，可以回歸到「選擇代操投信公司」的標準上。也就是說，「代操投信」同一金控或集團旗下過往所發基金的績效表現，不但能凸顯代操投信公司整體投資功力，也將是類全委帳戶投資人最佳的績效保證。

　　重點 2、帳戶規模大，且持續增加。現階段，大多數類全委保單都屬於「後收型（也就是保戶在投資後的 3 ～ 5 年贖回，要扣很高的解約或贖回費用）」，再加上類全委帳戶並沒有像一般基金那樣的退場機制，所以，投資人不會面臨投資一般基金，所面臨的「規模過小而下市」的風險。但是，類全委保單跟基金一樣，規模過小，也會與「績效表現不佳」結果有關。

　　事實上，規模與績效表現極有可能「互為因果（但並非絕對）」。如果類全委帳戶逐月、逐年降低，不但找不到好的基金經理人人操盤，未來績效肯定也不會太好看；一旦帳戶報酬率不佳，自然又會影響帳戶規模的大小。

　　只不過，目前各類全委帳戶網頁上，都只有「最近一期」的月報資料，一般投資人很難獲得這類的資料。但至少「帳戶規模大小」，還是可以做為一般大眾參考指標之一（並非唯一）。

　　重點 3、一定要慎重思考匯兌風險對投資收益的影響。也許投資人會覺得，這完全是個人意識型態上的「偏見」。但個人仍想不厭其煩地建議：

如果未來生活是在台灣，所有花、用及提、存，都是使用新台幣。那麼，大部分的投資最好都集中在台灣。因為至少投資人所看到的報酬率，都是實實在在的獲利，不用再扣掉可能的匯損。

理由很簡單，只要有一道換匯的手續，就一定不可避免出現匯兌損益。當然，台幣有升、有貶，投資人有可能賺到比原本投資更多的匯兌收益，但也有可能好不容易賺的，又得因為扣掉匯兌損失，而「吐回去不少」。

請讀者千萬不要誤會，認為個人存有私心，「萬般投資唯有台灣好」，也不是要投資人，完全不得投資海外。只是這麼長久以來，飽受不少匯率升貶之苦的投資人，一定要深刻記取「過往教訓」，在進行台幣與外幣資產投資報酬率比較時，一定要把匯率波動的風險考慮進去。

就以美元兌台幣為例，早些年，台幣匯率的波動，可能只在5％之間。但是近些年，波動的幅度都有可能達到8％或更高。這部分的變動風險，值得想往海外投資的民眾參考。

另外，雖然目前類全委帳戶計價幣別的「主流」是美元及台幣。但仍有一些是以人民幣及澳幣、南非幣，甚至歐元計價的標的（當然，規模都不大）。選擇這些幣別的投資人，就更要注意匯率大幅波動的風險了。

重點4、千萬不要只看績效表現及配息率，更要特別注意類全委帳戶的配息，到底有多少比例是來自本金？如果過去有一段長時間，配息都是來自於本金，那麼，不但代表基金經理人操作績效不佳，更有可能造成「投資人配息全部來自本金」的風險。

當然，由於每一檔類全委帳戶的「撥回率」不同，想要投資類全委帳戶的投資人最該注意的，就是帳戶目前的淨值數字，並且參考「撥回前」

與「撥回後」的淨值走勢圖。

假設現在淨值跟當初的 10 元沒差，或根本低於 10 元，且「撥回後」的淨值走勢圖「一路平坦」或向下，而非「一路向上」，那就代表投資人拿到的「撥回（配息）」，很大比例都是來自本金。長久以往，都將對整體投資收益不利。

選擇「類全委保單」的五大標準

目前，國內除了不能發行投資型保單的壽險公司，幾乎每一家都有推出至少一張的類全委型投資型保單，其計價幣別除了台幣之外，還包括美元，以及澳幣、南非幣、人民幣等，相當多元化。

不過問題是，由於相關保單的比較表資料，都是由該壽險公司所提供，內容難免都以「突顯自家商品優點」為特色，並沒有針對保戶的主要需求，提供較為客觀且全面性的比較。如果民眾決定要選擇「類全委保單」，做為退休規劃的工具之一，面對市場上非常多不同的標的時，又該如何選擇呢？個人認為，可以根據以下五項標準進行選擇。

標準1、這是哪一種類型的投資型保單？因為變額年金或變額（萬能）壽險這兩種類型的保單，分別適合不同保戶的需求。其中的變額年金，由於保費費用較低，再加上具有年金機制，經過長期累積後可轉換成年金支付，適合作為退休規畫使用。至於多了一項壽險保障成本支出的變額壽險與變額萬能壽險，則是適合缺乏壽險保障的族群。

標準2、除了提供全權委託投資帳戶外，是否還有其他投資標的可以選擇？雖然都叫類全委型的投資型保單，但是每一家壽險公司的作法卻

不同。有的保險公司提供「不只一家」類全委帳戶供保戶選擇。

而有的保險公司的某些類全委保單，則除了全權委託帳戶供保戶選擇外，還可以同時選擇其他投資標的（包括不同區域、國家或產業的股票、債券、平衡型基金）。

假設是採取「封閉式」選擇（也就是只有「全權委託投資帳戶」）的保單，保戶就必須考慮提供這項服務的代操機構，過去的績效表現如何？雖然說「過去的績效不保證未來的收益」，但多少能給有興趣購買的保戶，一個參考及選擇的方向。個人認為，特別是封閉型的類全委投資型保單，「類全委帳戶是哪一家投信所發行的」，反而是最重要的選擇關鍵。

標準 3、這張全權委託投資型保單，還有其他附帶價值嗎？壽險公司為了達到「市場區隔」目的，還會設計一些額外的商品花招吸引保戶。其中比較多的是「附最低身故保證」（提供一筆身故、失能保障）、「加碼撥回機制」（除了一般撥回之外，假設收益更佳，還有額外的加碼撥回），或是「提供其他附約保障」（例如意外險、失能險、健康險）等。

目前較常見的類全委投資型保單附加好處，是以「資產撥回」及「加值回饋金」為主。當然，資產撥回的起跳門檻越低，且每一級距資產撥回比率越高，對保戶越為有利。但是，除非類全委帳戶投資操作得宜，否則，保戶可能就需要擔心會跟月配息基金一樣，「配息有可能配到本金」了。

除了以上兩項「附加好處」外，個人認為最值得保戶參考的，就是健康險等其他附約的提供。特別是對於薪水、收入不多的社會新鮮人來說，如此一來，真的只要買一張類全委保單，就同時達到「長期籌措退休金」，以及「提供自己身故及各種健康保障」的目標。

標準 4、各項費用最低。目前，類全委保單會收取的費用，主要有「保

費費用」、「保單帳戶管理費」、「類全委（代操）費用」、「類全委保管費用」、「解約費用」、「部分提領／贖回費用」、「投資標的轉換費用」等。以上各種費用，有的類全委保單有收，有的則是不收，或是只在前幾年收取。因此，保戶最好綜合性的加總及比較才好（請看表 3-5）。

表 3-5 投資共同基金及購買類全委保單的費用比較

	共同基金	類全委保單
外加費用	・申購手續費 ・轉換手續費 ・贖回手續費	・保費（附加）費用 ・危（保）險成本（只有變額壽險與變額萬能壽險才可能有） ・贖回費用（部分後收型保單會規定：「當保戶在購買後前幾年贖回時收取。」） ・部分提領費用（並非每一張保單都收）
內含費用（反映在淨值中）	・基金管理費 ・基金保管費	・保單管理費 ・全委帳戶管理費 ・全委帳戶保管費（並非每一張保單都收）

但除了以上的費用外，想擁有壽險保障的民眾，還必須多支出一筆身故保障的費用。以變額萬能壽險為例，雖然保費是採「依年齡逐年調高」的「自然費率」計算，但各家壽險公司所採取的，是哪一回合的「生命表」，也影響了保戶的危險保費支出。

目前，較為優惠的計費方式，是依照「第五回合生命表」計算。但據了解，有的壽險公司，會在以上費率基礎上，再打個九折，或是直接採

用費率更低的第六回合生命表費率。

標準 5、參考類全委保單代操機構，過去的績效表現及投資能力。對於已經發行的類全委保單，民眾可以先看一下它過去的績效表現，且最好要與同一市場進行比較；至於全新發行的類全委保單，雖然民眾看不到過去績效表現，但也可以了解一下幫壽險公司「委外代操」的投信，過往的整體投資績效如何？

且由於各張保單實際進場時點不同，為了統一比較起見，以每一檔類全委帳戶都有的「近 3、6 個月或 1 年」數字為準。有興趣的讀者，可以自行上各壽險公司的「投資型保單專區」，查閱不同期別的報酬率數字。

值得提醒讀者注意的是：雖然同一家代操投信，會分別幫不同壽險公司「委外代操」，但因為進場時間不同，同一期別的報酬率數字，也可能會有極大的差異。

3-4　轉換投資標的物的最佳時機？

1.「定期」依據「景氣變化」調整。
2.「不定期」依照「特殊事件」調整。

　　由於一旦選錯標的，投資型保單就無法達到「求取最高保障」，或是「獲得最大投資報酬」的目標。所以，個人建議保戶應該定期檢視投資績效，並設立停損點，必要時可轉換表現不佳的基金。而在操作實務上，建議不妨配合以下兩大原則進行調整。

「定期」依據「景氣變化」調整

　　景氣繁榮時，可以採取「積極策略」，並大幅持有股票型基金，以掌握多頭行情、賺取較高報酬；景氣衰退與蕭條時，可以採適度保守的策略，將部分股票型基金轉入平衡型基金，或是領取固定收益的債券型基金上，尋求資金避風港；在景氣復甦期之際，投資可以適度積極些，把固定收益的債券型基金，轉換成股票型基金。

　　由於每一張投資型保單，都有「一年轉換4～6次免轉換費」的優惠，一般民眾更可以善用這個好處，在適當時機汰換掉不適合的投資標的，或者是將漲幅已高的標的「適當停利」（圖3-1）。

圖 3-1

核心基礎 →	觀察頻率：一年 更換頻率：一年或不更換

→ **更換重點：**
❶ 假使基金換了基金經理人，或連續一段期間表現低於同類基金平均值時。
❷ 看股票與債券間的比例（每年的股債比均會因為投資環境不同而有差異）。
❸ 這樣的股債組合，是否落後這段期間的整體表現？

波段趨勢 →	觀察頻率：一季～半年 更換頻率：一年或不更換

→ **更換重點：**
❶ 市場大趨勢是否改變？
❷ 整體組合投資報酬率是否應該先落袋為安？

短線操作 →	觀察頻率：一季 更換頻率：一季

→ **更換重點：**
嚴格遵守原先設定的停損及停利點進行買賣。

「不定期」依照「特殊事件」調整

這種投資標的調整最明顯的例子，就是突發的政經事件，像是之前的911事件、新冠疫情爆發，以及最近的俄烏之戰。

在歐、美等國陸續祭出各項「懲罰性」措施之後，全球金融市場跟著大幅下挫。其中，又以俄羅斯股、匯、債市下跌最為慘重。俄羅斯央行便宣佈一系列支撐金融市場措施，包括重啟黃金採購、暫時禁止讓非俄居民賣出證券等。當國內投資人在俄羅斯，發佈對外資禁賣有價證券的「反制裁」措施之後，有6家境外投信已決定暫停受理客戶贖回，或是申購新基金。

除了股票型基金之外，台灣投資人的另一個「重災區」，則是集中在有投資「俄羅斯債券」的債券、股債平衡型及目標到期債基金。甚至，連購買類全委投資型保單的保戶，也因為其中所連結的高收債基金，包括俄羅斯債券及其他價格大跌的高收債，同樣受到不小的影響。

個人認為，越是當市場大跌之際，反倒是每一位投資人檢視投資配置是否正確，並且依此做為逢低進場的最佳時機與指導方針！所以這個時候，保戶首先可以好好檢視手中的每一檔投資標的，是否都具有「值得長期投資」的理由？

一般來說，符合長期投資標準有兩個，其一是「投資範圍越分散越好（請注意，這裡的分散，並不在於「投資標的數的多寡」而已；其中，100%複製市場指數的風險，又低於少數幾檔個股的標的）」，其二是「沒有槓桿操作」。

如果投資人對於以上標準，還是無法「意會」，個人就舉一些「反面」

的例子供讀者參考：凡是集中投資在單一國家（只有總市值約佔全球市場一半左右的美國股市是個例外）、地區（特別是市場波動本就比較大的新興或邊境市場）、產業、高風險金融商品（例如名稱聽起來風險低，但其實非常高的高收債、目標到期債、結構債）或操作方式（例如正、反向、期貨、選擇權商品）的標的，都是不符合「可長期投資」的條件。

當投資人在檢視之後，發現自己手中持有的投資標的，全都是符合「長期投資」標準，且特別是在現階段，主要是因為非經濟基本面因素，所導致金融市場大跌之際，投資人反而應該「勇於逢低進場佈局」，以拉低持有成本、創造更高的報酬率。

由於某些突發性的政經事件（例如這次的俄烏戰爭），未來走勢與前景在短期內，不見得那麼明朗，且市場短期大幅波動勢所難免，因此，「買紅不買黑」（跌才買，漲不買）及「大跌再加碼」的操作佈局，將是保戶最適合的進場方式。

其次，如果某些手中投資標的，並不符合「長期投資」標準。那麼，保戶的第二步，就是檢視這些標的投資金，到底佔整體投資資產多少比重？對個人正常生活或財富累積上的影響大不大？

如果比重不高，或是這筆投資，就算全數虧掉了，對自己整體生活或財富累積的影響不大，有些標的當然還是可以留著「慢慢等回升」。不過，個人比較建議還是「先停損」為宜。這是因為，保戶大可拿著這筆資金，找尋其他更值得長期投資，也最能夠獲取更高收益的標的。

也許有的投資人會說：「反正市場只要跌深，就一定反彈，我何不趁此機會，大幅買進同樣跌深的標的等待反彈」？這話是沒錯，但這實際操作上，會有三個問題產生：其一是：跌深到哪裡，才會開始反彈？而在此

之前，投資人能夠容忍多少的損失？其次，誰知道反彈會到多高？再者，只要投資標的的基本面欠佳，反彈之後，也還是會繼續下跌的。更何況，有多少投資人，可以忍受「資金一下子幾乎全賠光」的結果？

當然，以俄羅斯這個國家或金融市場為例，個人也不認為未來將就此從這個地球上消失。只不過，戰爭一定會讓俄羅斯整體經濟與相關企業受到傷害（只是程度不同而已）。所以，相關投資想要「收復失地」，恐怕需要較長的時間才行。所以，投資人與其想從原本投資標的中，採取「正金字塔」的方式「攤低成本」，結果可能是「臉越來越平」（更何況正三角形的買法，必須是「資金源源不絕」），反而不如找一個對的（可以長期投資標的）標的，老老實實地趁現在市場大幅修正之際「逢低進場」。

我實際舉一檔，曾讓不少國內投資付出慘痛代價的黃金礦業基金淨值走勢圖為例。投資人一旦買到的是最高點，至今十多年來的基金最高淨值，也只回到最高點的六成而已。

就算採用「下跌持續加碼」的方式攤低成本，讓整體報酬率恢復正值，投資人仍需要考慮：與其花這麼長的時間與資金，不過是讓報酬率「由負轉正」，為何不拿這筆資金，投資在更值得長期投資，且報酬率還不錯的標的上？

市場波動大，反向操作不宜冒進

至於在這段市場大幅波動的期間，保戶該不該投資在反向的標的上，以便放大獲利，或是彌補原投資標的的虧損？個人認為，除非是非常熟悉金融市場脈動的投資人，或是使用的資金，佔整體資產不高（就算損

失了，也完全不受影響），且只是短線投資。否則，還是別輕易嘗試。理由就在於：市場波動瞬息萬變，冒然投資之下，恐怕勝率不會太高。

再者，假設投資人這波投資標的中，幾乎每一檔都是大跌，且完全不符合長期投資的標準，而且投資淨值的大幅縮水，已經嚴重影響到財富的累積，甚至是正常生活開銷時。這恐怕就不能單靠投資操作改變，就能順利解決問題的。

至於投資標的選擇連結高收債基金，並且已發生大幅虧損的保戶，又該如則因應？根據個人的了解，撇開追求高價差收益的股票型基金或ETF，會買高收債的投資人，多半是著眼於「固定配息」。但，想領固定配息的人，還是會有兩種人：其一是生活費（例如退休後每月生活費）100% 仰賴配息基金的人；其二則是部分配息拿來挹注生活費。

對於後者（生活不受影響的人）來說，既然生活費不依靠高收債月配息過活，就只是趁此機會，獲得一個寶貴的教訓而已。但是，套句李宗盛「夢醒時分」的一句歌詞一「有些人你永遠不必等」一樣，對於完全無法冒任何退休金短少的投資人來說，「早點處理掉這些不值得投資的標的」，恐怕才是最佳之策。

假設投資人是屬於前者（生活已受到影響的人），那麻煩恐怕真的是大了。但事已至此，筆者也真的沒有任何好方法，能幫這些投資人解決問題，只能再次重申：那些一定要靠年化報酬率超高的高收債月配息，才能過活的人，問題的根本核心是在於「退休金準備根本就不夠」，而不在於「選什麼投資標的」。

所以，他們接下來要做的事之一，便是「趕緊找到一份穩定的工作收入」，以填補現有生活費的不足。且更重要的是：從今爾後務必記得：

準備退休金時，絕對不能「冒太多風險」。這是因為退休金已經很少了，
投資更將是「輸不起」。

投資人必須了解：這世界根本沒有「既無（或低風險），但報酬率高
於市場利率非常多」的債券。會這樣提供「保證」的，不是詐騙集團，
就是配息會吃到本金，配息根本無法長久。除非，他是從事慈善事業的，
免費拿他自己的錢來做善事。

至於那些因為不肖業務員的慫恿，將房子抵押、借錢，去投資高收債
標的（不論是基金或連結同樣標的的類全委投資型保單）的投資人，除
非完全不在乎擔保品（抵押的不動產）會「不見」。否則，目前最優先
要做的，就是儘快做好「停損」的動作，再想辦法清償債務。

Chapter
4

目的不同，
實務操作差異大

4-1 重「投資」的保戶，該怎麼選投資型保單？

1. 優先選擇變額年金險、後收型投資型保單。
2. 假設保戶買的是前收型保單，則要提高超額保費的金額，才能把更多保費用於投資生利。
3. 好好選擇投資標的。

　　不論是變額壽險、變額年金或變額萬能壽險，由於它連結了一個可以投資各種類型基金、ETF、類全委帳戶等標的的分離帳戶，讓它成為許多業務員或保戶心目中，「投資味重於保障」的投資平台。但是，雖然都被冠上「變額」兩個字，也都叫投資型保單，「重投資」的人如果選不對保單，是不可能產生與原先預期相同的結果。

　　了解投資原理的人都知道，要想提高投資標的的報酬率，必須符合兩大標準。其一是「費用率最低」，其二是「績效要好」。關於後者，因為影響的變數實在太多，所以，一般投資人只能儘量降低第一項「費用率低」的標準。

　　當然，儘管每一張保單的各項費用高低不同，但總的來說，由於變額年金沒有身故保險金的給付，在「少了危險保費的收取」之下，費用率一定會比變額壽險，或者是變額萬能壽險來得低一些（特別是對年紀較大、危險費率又收得比較高的保戶而言），理論上是最適合用於「投資」的標的。

　　至於在變額壽險或變額萬能壽險方面，早在 2007 年 10 月 1 日之後，

金管會規定投資型保單的保額與保單帳戶價值之間，必須維持一定關係（也就是所謂的「門檻法則」），使得各家保險公司在同一性別、年齡的保額與目標保費間差異縮小，因此，保戶已經比較難找出過去藉由「壓低投保金額」、「降低目標保費，提高超額保費金額」方式運作「重投資」的投資型保單。

但是，如果從「費用率越低越好」的標準來看，理論上，後收型保單所扣的保單（附加）費用，會比前收型要低一些，對於重投資的保戶來說，當然會是較為有利。這是因為前收型投資型保單，前 5 年所繳的目標保費，總共要收取最高 150% 的附加費用率後，才能進入分離帳戶中進行投資。

從這個角度來看，暫且不扣任何保費費用，保戶所繳保費直接進入分離帳戶中，進行投資的「後收型」投資型保單，理論上來說，對於重投資的保戶來說較為有利。不過，為何我說是「理論上來說」？這是因為以下幾個原因：

一、短期解約成本不低。後收型保單雖然不用馬上扣除一筆保費費用，但是，卻會在保戶前幾年（一般是 4 或 5 年）解約時，扣取最高可達 6% 或 7% 的解約費用率。也就是說，假設保戶投保後沒多久就解約，就算投資有不錯的獲利，也要吐回去滿多的。

二、後收型保單會多收一筆「保單帳戶／管理費」。除了要收跟前收型保單一樣，每月 100 元左右的「保單管理費」外，後收型保單還會多收一筆「按保單帳戶價值一定比率（通常是按月收取，一年大約要收到 1.5% ～ 2%，有的保險公司只收第一年，但有的可以收到 4 年）」的「保單行政費用」或「保單管理費用」。以某檔後收型投資型保單為例，前

四年總收的費用率就超過 6%。

　　儘管如此，個人還是建議對於重投資的保戶來說，首先應該優先選擇變額年金險，以及後收型投資型保單。其次，假設保戶買的是前收型保單，則是要提高超額保費的金額，才能把更多的保費，用於投資生利。

　　最後，重投資的保戶們一定要好好選擇投資標的。有關投資標的的選擇，我在第三篇「投資操作」中，已經說明得很清楚了，請讀者多多參考。

4-2　重「保障」的保戶，該怎麼選投資型保單？

1. 保障要完整。
2. 危險保費要低
3. 可附加險種要多。
4. 投資連結標的各期績效，表現要好。
5. 選擇「（分）期繳」的保單。

　　前面提到「重投資」的人，應該優先選擇變額年金險，或是各項費用低的變額壽險或變額萬能壽險。至於「重保障」的民眾，選擇的標準要整個倒過來，也就是優先選擇有「身故、失能保障」的變額壽險或變額萬能壽險。但是，同樣具有壽險保障，由於同一保險金額之下，保戶支付甲型的保費，會比乙型要少。因此，對於年紀輕、保險預算不多的人來說，就比較適合購買甲型的保單；如果預算多，希望能獲得較高的保障，則適合購買乙型的保單。

　　我之所以不建議重保障者，投保變額年金險的理由，是因為目前除了少數「附身故保證」的變額年金險之外，絕大多數的變額年金都沒有身故的保障。且年金險的主要目的在於「退休規劃」，並不在於「提供身故、失能保障」。

　　現在，卻有保險業務員會這麼告訴保戶：如果在「年金累積期（繳費期間）」內身故或全殘，保險公司還是會將「總繳保費」當做「保險理賠金」，退回給保單的受益人。但事實上，「保險理賠金」與「身故、全殘保險金」是完全不同的。前者必須計入被保險人的個人遺產中課稅，

沒有稅賦上的優惠；至於後者，則是「免計入個人遺產中」，擁有稅賦上的優惠。

又由於「附身故保證」的變額年金險，當被保險人在年金累積期不幸身故時，保險公司的死亡給付，是否真能「節稅」，還有一定的爭論空間存在。因為已有保險公司理賠案例顯示：由於「附身故保障」的變額年金險，是採取躉繳繳費的方式，符合國稅局「實質課稅」原則中的「躉繳保費」樣態。所以，雖然身故受益人所拿到的理賠金，名目上屬於「身故保險金」，符合「保險金不納入被保險人遺產中計算」的標準，仍然被國稅局依「實質課稅」原則而課稅。但是，至少「無附身故保證」的變額年金險，當被保險人在年金累積期不幸身故時，保險公司就只有「退還保費（保單帳戶價值）」而已，是絕對沒有任何節稅空間可言的。

説到「附身故保障」的變額年金險，雖然也可以列入「重保障」保戶的參考。但事實上，這類「附身故保障型」的變額年金險，在「身故保障」費用收取基準上，與變額壽險或變額萬能壽險有很大不同。以變額壽險或變額萬能壽險為例，不論是甲型或乙型，保戶所要扣的危險保費，是依照「淨危險保額」，再乘上當年的「保險成本費率表」；但是，附身故保證的變額年金險，則是以「附保證投資標的之投資標的價值」×「投保年齡身故保證費用費率」，並逐月由附保證投資標的單位數中扣繳。

也許讀者會問：這樣有差嗎？實際上是有些微差距的。因為以同一家壽險公司的一張變額萬能壽險（甲型），以及一張附身故保證的變額年金險為例，當年度保單帳戶價值如果是 25 萬元時，假設 25 歲男性保戶，買的是附身故保證變額年金險，其身故給付的計算，是以 25 萬元，再乘上 0.012%（每月 0.0010%），等於每年要收 3,000 元的附身故保證費用。

雖然費用不高，但萬一保戶不幸身故，就只能得到保單帳戶價值—25萬元的死亡給付（保額）而已。

但如果保戶選擇甲型的變額萬能壽險，依照門檻法則的規範（保額除以保單帳戶價值，必須高於190%），25歲男性該有的保險金額是47.5萬元，他當年度實際繳交保費是「淨危險保額（47.5-25=22.5）」，再乘以該年齡的每萬元保險成本（11,682元），總保費是262,845元。

且如果換算成每萬元的保險費，變額萬能壽險是5.5336元，而附身故保證變額年金險則是120。

而除了這個小小的差異，要特別提醒保戶了解之外，由於重保障者最需要拉高保障，因此在篩選投資型保單時，應該要注意以下幾項：

一、保障要完整：目前不論是變額壽險或變額萬能壽險，在身故、全殘的給付上，都有最基本的甲型（理賠金是按保額或保單價值較高者給付）與乙型（理賠金是保額加上保單價值的總和）兩種。

二、危險保費要低：危險保費又稱為「危險成本」。目前，各家壽險公司的投資型保單，多半是按照「台灣壽險業第五回生命表」的年度經驗死亡率為準，但是，由於台灣壽險業第六回經驗生命表，已經在2021（110）年7月1日實施，且有少數壽險公司的投資型保單已採用。

雖然以25歲男性為例，第五回合生命表的費率是0.000821，第六回合生命表的費率是0.000496，看來絕對數字的差距不大，但是從相對差異（第六回合生命表費率，幾乎是第五回合生命表的一半）來看，當投保金額非常高時，也是一筆不小的成本。

三、可附加險種要多：由於一張投資型保單可以適合不同時期，不同需求的保戶，因此對許多保戶來說，一生中只需要購買這一張投資型保

單，然後再附加其他險種。如果壽險公司相對提供較多的附約選擇，保戶就不用花較貴的主約保費，去購買不同的其他保障。

此外，有些壽險公司允許保戶的附加險種保費，可以直接從投資型保單的帳戶價值中扣除（即所謂的「內扣式」）。對於採取「可暫時不繳保費」的變額萬能險保戶來說，能夠避免因為暫停繳交主契約保費，而忘了繳所有附約保費，而讓附約全都失效的風險。

四、投資連結標的各期績效表現要好：最近因受到俄烏戰爭的影響，全球股市、債市紛紛重挫。個人想再次提醒「重保障」的保戶們，儘管「附加險種多」很重要，但不要忘了，投資連結標的的績效好壞，會嚴重影響保戶未來身故、失能保障的高低。所以，不要以為「重保障」的保戶，就不必在意投資型保單連結標的的過往績效表現。

4-3 囤積多年的投資型保單，該留？不該留？！

1. 購買的是變額壽險、變額萬能壽險或是變額年金？
2. 從「需求」決定去留？
3. 從「危險保費高低」衡量。
4. 從費用率高低考量。
5. 「可不留」≠「立刻贖回」，「可保留」≠「絕對要留」。

一直以來，都有不少的讀者，會不斷地詢問「過去所買的投資型保單是否該贖回」的問題。進一步彙整這些讀者的問題源頭，普遍是「當初在買投資型保單之前，並沒有非常清楚地了解這種商品。如今，或者績效還可以，或者績效非常差，但仍不甘心地持續繳交一定的保費或危險保費」。

個人認為，由於不同讀者的實際狀況是不同的。因此，在做決策時，並不是那麼簡單地「該留」或「該贖回」的二分法。所以，個人把相關決策步驟與想法，試著繪成下圖（參考圖4-1），並且進一步解釋為何要這要思考？

檢視手邊保單的良窳，四大重點報你知

個人建議遇到類似問題或困擾的保戶，**首先要先確認：所買的保單是變額壽險、變額萬能壽險或是變額年金？**對於不是那麼清楚了解投資型

保單的人，簡單來說，前二者就是「有提供壽險保障」的保單，而變額年金就只是純粹的一個「為累積退休金」的「投資工具」或「投資平台」而已。

圖 4-1 檢視投資型保單的流程

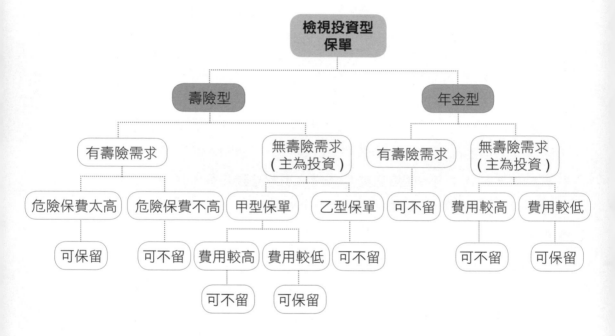

註 1：甲型保單是指「身故保險金＝保額或保單帳戶價值較高者」；乙型保單是指「身故保險金＝保額＋保單帳戶價值」。

註 2：費用率是指綜合考量所有費用，包括附加費用率、每月帳戶管理費、解約費用、危險保費（保險成本）等成本，並非只有「保險成本」或「附加費用」一項而已。

其次，從「需求」決定去留？如果有壽險需求，在決定投資型保單「留與不留」時，恐怕就比較容易一些。也就是說，如果有壽險需求，且買的是變額壽險或變額萬能壽險，那麼，「可以保留」的機會就大得多了。從另一個角度思考，如果不需要壽險保障，卻錯買了變額年金，那麼，「不值得保留」的機會也將大增。

再者，從「危險保費高低」衡量。由於變額壽險與變額萬能壽險，具有一定的「身故、全殘保障」的功能，且不論是「甲型（身故保險金是以「所買保額」與「當時保單帳戶價值」較高者為準）」或「乙型（身故保險金＝所買保額＋保單帳戶價值）」，真要處理起來，也有一定的考量在。

個人建議，不論保戶買的是甲型或乙型保單，不管保單的投資績效好或不好，由於保戶隨時隨地都要繳交一定金額的危險保費，且隨著年齡的增加，危險保費就會越高。所以個人認為，高齡者是可以「優先」考慮「不留下」手中，需要扣除較多危險保費的標的。

第四，從費用率高低考量。對於原本沒有壽險需求，但卻錯買了變額壽險或變額萬能壽險的保戶來說，把投資型保單處理掉的「最高原則」就是：從「費用率高低」因素進行考量。

這裡所謂的「費用率」是指綜合考量所有費用，包括附加費用率、每月帳戶管理費、解約費用、危險保費（保險成本）等的成本，並非只有「保險成本」或「附加費用」一項而已。

舉例來說，如果是只有繳交「目標保費」，且繳費年期已經超過 6 年（因為 2007 年 10 月以後銷售的投資型保單，目標保險費附加費用率各年度總和，不得高於 150%，且總收費年期不超過 5 年。所以，持有超過 5 年以上的保單，等於所有「目標保費」的附加費用都已收完，不用再額

外支付）的「前收型」保單；或是繳費已超過 5 或 6 年，已經沒有任何
贖回費用的「後收型」保單的保戶，幾乎就只剩下每月的保單行政管理
費用（「前收型」每月收約 100 元、「後收型」則是多收一筆按「保單
帳戶價值一定比率」的費用）。

在這樣的前提下，保戶如果有把握能夠拉高投資績效，讓「分離帳戶」
成為一個「累積財富」的工具，也是可以考慮「留下來」的選項。否則，
還不如早點認賠出場，把帳戶裡的錢挪去做更能夠積極生利的運用。

最後還要再三提醒的是：可不留不等於立即贖回，可保留不等於絕對
要留。每位保戶的狀況，如財務能力、投資能力都不相同，必須因人而異。

附 錄

投保有糾紛？可以找財團法人金融消費評議中心

「財團法人金融消費評議中心（簡稱評議中心）」是專門處理金融消費爭議的專責機構。簡單來說，當金融消費者與金融服務業間，因為金融商品或服務所發生爭議時，一個可以解決紛爭的途徑與申訴管道。

一般來說，凡是金融消費者與金融服務業間，是因為商品或服務所產生的民事爭議，都可以向評議中心提出申請，例如銀行（存款爭議、銀行不同意大額存款爭議）、保險（一般消費者與保險業因保險商品所生之爭議、業務員招攬不實、保險理賠爭議、保險契約效力或條款解釋爭議）、抵押、放款、信用卡（不含債務協商）、存款、投資（不含商品定價和績效表現）等。所以，當保戶購買投資型保單，並且自覺產生金融消費糾紛，就可以向評議中心提出評議申請。

然而值得投資型保單保戶注意的是：在評議中心開始接受金融消費者的評議申請之前，得先向金融服務業申訴。金融服務業必須在收到申訴之日起 30 日內，進行適當的處理，並將處理結果回覆給金融消費者。假設金融消費者不接受處理結果，或者金融服務業接到申訴後，超過 30 日都不處理，金融消費者就可以在收受處理結果，或期限屆滿之日起 60 日內，向評議中心申請評議（向評議中心申訴的流程如圖 5-1）。而且，向評議中心申請評議，金融消費者不需要支付任何費用。

假設評議中心之後，做出金融服務業必須賠付的評議，只要評議賠付在一定金額以下（10 萬元及 100 萬元），金融服務業必須接受。相關的賠付金額規定如下：

1、財產保險給付、人身保險給付（不含多次給付型醫療保險金給

付）、投資型保險商品或服務，一定額度為新臺幣 100 萬元。

　　2、多次給付型醫療保險金給付、非屬保險給付爭議類型（不含投資型保險商品或服務），一定額度為新臺幣 10 萬元。

圖 5-1 評議中心申訴流程

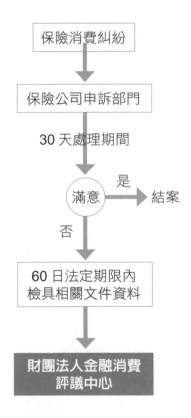

保險消費糾紛

保險公司申訴部門

30 天處理期間

滿意 ──是──▶ 結案

否

60 日法定期限內
檢具相關文件資料

財團法人金融消費
評議中心

投資型保單稅法的相關規定

投資型保單與稅負減免有關的規定，一是與「保險費」相關，另一個則是與「保險給付」相關。

一、保險費部分：依照《所得稅》法及《營利事業所得稅》法的相關規定，不論是個人或企業，保險費是《所得稅》中「列舉扣除項目」，且可視為公司的保險費費用支出項目。

1. 綜合所得稅的減免（《所得稅法》第十七條第一項第二目第二小目：個人保險費扣除額）：

（1）保險費為所得稅中列舉扣除額項目之一，《所得稅法》提及「保險費：納稅義務人、配偶或受扶養直系親屬之人身保險、勞工保險、國民年金保險及軍、公、教保險之保險費，每人每年扣除數額以不超過24,000 元為限。但全民健康保險之保險費不受金額限制。」

（2）人身保險若中途解約，依《所得稅法》規定，以往年度申報綜合所得稅時，利用解約保單所列舉扣除的保費支出，須在解約後補繳稅款。若因經濟狀況繳不出保費，最好辦理契約變更，如辦理減額繳清或展期保險等。所以，讓契約有效，才是對保戶比較有利的方式。

2. 營利事業所得稅的減免（《營利事業所得稅查核準則》第八十三條第五款）：每人每月保險費合計在新台幣 2,000 元以內，可視為公司的保險費費用。

二、保險給付方面：這部分，主要與保險給付，是否會被課稅有關。

1. 保險金免納所得稅（《所得稅法》第四條第一項第七款）：人身保險給付免所得稅。

2. 人壽保險金可不列入遺產稅（《遺贈稅法》第十六條第九款：指定受益人的人壽保險不課遺產稅）：保險法與遺產及贈與稅法皆規定，約定於被保險人死亡時給付指定受益人所領取之保險金額，軍、公教人員、勞工或農民保險金額及互助金，其金額不得列入遺產總額與稅賦計算。但死亡保險契約若未指定受益人，一旦身故，保險金額須列入被保險人的遺產，課徵遺產稅。

3. 受益人與要保人非屬同一人的死亡給付，免計入個人基本所得稅額，有一定的金額限制（《所得稅法施行細則》第十六條第二款）：自民國 95 年 1 月 1 日開始實施的「所得基本稅額條例」，幾經調整後，自民國 104 年申報 103 年度所得基本稅額開始，受益人與要保人非屬同一人之人壽保險及年金保險給付中，屬於死亡給付部分，每一申報戶全年合計數在 3,330 萬以下者，免予計入個人的基本所得稅額。

   此外，根據財政部說明，保險死亡給付免稅金額會隨著消費者物價指數，較上次調整年度的指數上漲累計達 10% 時，應調整之。

4. 個人投資型保險所得課稅規定（財政部賦稅署「台財稅字第09800542850 號」函示，有關「個人投資型保險所得課稅規定」）：自民國 99 年 1 月 1 日（2010 年）起訂立之投資型保險契約，保險人應於投資收益發生年按所得類別減去成本與必要費用後，分別計算要保人的各類所得額，由要保人併入當年度所得額。

投資型保險商品銷售應注意事項（金管保壽字第 11101326705 號令）

一、依據投資型保險投資管理辦法第三條第二項規定訂定本注意事項。

二、保險業銷售投資型保險商品（以下簡稱本商品）時，應依本注意事項辦理。保險業銷售本商品連結境外結構型商品者，適用境外結構型商品管理規則相關規範。

三、本注意事項所稱招攬人員，指保險業招攬及核保理賠辦法第二條所定人員。

四、本注意事項所稱專業投資人、專業機構投資人及非專業投資人，適用境外結構型商品管理規則第三條第三項及第四項規定。除專業機構投資人外，專業投資人得以書面向保險業申請變更為非專業投資人，但未符合前項規定之非專業投資人，保險業不得受理申請變更為專業投資人。有關專業投資人應符合之資格條件，應由保險業盡合理調查之責任，並向要保人取得合理可信之佐證依據。保險業針對專業投資人具備充分金融商品專業知識、交易經驗之評估方式，應納入瞭解客戶程序，並報經董事會通過。但保險業無董事會者，由在中華民國境內負責人同意之。

五、保險業應確保本商品之招攬人員符合主管機關規定之資格條件、受有完整教育訓練，且已具備本商品之專業知識。保險業應至少每季抽查招攬人員使用之文宣、廣告、簡介、商品說明書及建議書等文書；如發現招攬人員有使用未經核可文書之情事，應立即制止並為適當之處分，對客戶因此所受損害，亦應依法負連帶賠償責任。

六、保險業銷售本商品予客戶應考量適合度，並應注意避免銷售風險

過高、結構過於複雜之商品。但有客觀事實證明客戶有相當專業認識及風險承擔能力者，不在此限。保險業銷售本商品予六十五歲以上之客戶，應經客戶同意後將銷售過程以錄音或錄影方式保留紀錄，或以電子設備留存相關作業過程之軌跡，並應由適當之單位或主管人員進行覆審，確認客戶辦理本商品交易之適當性後，始得承保。前項銷售過程所保留之錄音或錄影紀錄，或所留存之軌跡至少應包括下列事項，且應保存至保險契約期滿後五年或未承保確定之日起五年：

（一）招攬之業務員出示其合格登錄證，說明其所屬公司及獲授權招攬投資型保險商品。

（二）告知保戶其購買之商品類型為投資型保險商品、保險公司名稱及招攬人員與保險公司之關係、繳費年期、繳費金額、保單相關費用（包括保險成本等保險費用）及其收取方式。

（三）說明商品重要條款內容、投資風險、除外責任、建議書內容及保險商品說明書重要內容。

（四）說明契約撤銷之權利。

（五）詢問客戶是否瞭解每年必需繳交之保費及在較差情境下之可能損失金額，並確認客戶是否可負擔保費及承受損失。

第二項錄音、錄影或以電子設備辦理之方式，由中華民國人壽保險商業同業公會訂定，並報主管機關備查。保險業銷售本商品係連結結構型商品時，應遵守下列事項：

1. 須採適當方式區分及確認要保人屬專業投資人或非專業投資人。但本商品非以專業投資人為銷售對象者不在此限。

2. 就非專業投資人之年齡、對本商品相關知識、投資經驗、財產狀

況、交易目的及商品理解等要素，綜合評估其風險承受能力，依程度高低至少區分為三個等級，並請要保人簽名確認。保險業就客戶購買本商品者，應另指派非銷售通路之人員，於銷售本商品後且同意承保前，再依下列事項進行電話訪問、視訊或遠距訪問，並應保留電訪錄音紀錄、視訊或遠距訪問錄音或錄影紀錄備供查核，且應保存至保險契約期滿後五年或未承保確定之日起五年：

（1）對於繳交保險費之資金來源為貸款或保險單借款之客戶，向其明確告知其因財務槓桿操作方式所將面臨之相關風險，以及最大可能損失金額。

（2）對於繳交保險費之資金來源為解約之客戶，向其明確告知其因終止契約後再投保所產生之保險契約相關權益損失情形。

（3）對於年齡在六十五歲以上之客戶，應依本商品不利於其投保權益之情形進行關懷提問，確認客戶瞭解本商品特性對其之潛在影響及各種不利因素。但本商品之特性經依保險商品銷售前程序作業準則第六條第七款規定評估不具潛在影響及各種不利因素者，不在此限。

　　七、保險業銷售本商品連結境外結構型商品者，應依境外結構型商品管理規則第十六條規定與發行機構、總代理人共同簽訂書面契約。保險業銷售本商品連結國內結構型商品者，應與發行機構簽定書面契約，且其內容應包括下列事項：

　　（一）為遵循相關法令，要求該結構型商品發行機構應配合提供之資訊、協助及其應負之責任。

　　（二）載明結構型商品對於下列事項，發行機構應於事實發生日起三

日內，公告並通報保險業，保險業應轉知要保人：

1. 發行機構因解散、停業、營業移轉、併購、歇業、依法令撤銷或廢止許可或其他相似之重大事由，致不能繼續營業者。

2. 發行機構或保證機構之長期債務信用評等或結構型商品之發行評等遭調降者。

3. 結構型商品發生依約定之重大事件，致重大影響要保人或被保險人之權益者。

4. 其他重大影響要保人或被保險人權益之事項。

（三）發行機構無法繼續發行結構型商品時，應協助要保人辦理後續結構型商品贖回或其他相關事宜。

八、保險業應對本商品擬連結之投資標的進行上架前審查。除本商品連結境外結構型商品者應依境外結構型商品管理規則規定外，本商品連結其他投資標的者，於上架前應審查下列事項（如無下列項目，則無須審查）：

（一）擬選擇連結投資標的之合法性。

（二）擬選擇連結投資標的之費用及合理性。

（三）擬選擇連結投資標的之投資目標與方針、投資操作策略、過去績效、風險報酬及合理性。

（四）擬選擇連結投資標的商品說明書及投資人須知內容之正確性及資訊之充分揭露。

（五）保險業利益衝突之評估。

（六）擬選擇連結投資標的之風險等級。

九、保險業對於本商品之銷售，應建立適當之內部控制制度及風險管

理制度，並落實執行。其內容至少應包括下列事項：

（一）本商品招攬人員之管理辦法。

（二）充分瞭解客戶之作業準則。

（三）監督不尋常或可疑交易之作業準則。

（四）保險招攬之作業準則。

（五）內線交易及利益衝突之防範機制。

（六）客戶紛爭之處理程序。

十、第九點所稱招攬人員之管理辦法，內容應包括招攬人員之資格條件、專業訓練、職業道德規範、報酬支給、考核制度等。為提升招攬人員之素質，保險業應依規定持續對其施以教育訓練，並依各項作業程序規範訂定本商品招攬人員標準作業程序，以資遵循。

十一、第九點所稱充分瞭解客戶之作業準則，其內容至少應包括下列事項：

（一）招攬原則：

1. 應請客戶提供相關財務資訊，包括繳交保險費之資金來源是否為解約、貸款或保險單借款，若客戶拒絕提供，招攬人員須於要保書予以註記，並請其於註記處親自簽名確認。

2. 應評估六十五歲以上之客戶是否具有辨識不利其投保權益情形之能力。但本商品之特性經依保險商品銷售前程序作業準則第六條第七款規定評估不具潛在影響及各種不利因素者，不在此限。

（二）承保原則：應訂定承保條件，以及得拒絕接受客戶投保之各種情事。

（三）核保審查原則：

1. 應訂定核保審查作業程序,並評估客戶之投資能力。對於拒絕提供相關財務資訊之客戶,應訂定較嚴格之審查及核保程序或拒保。

2. 對繳交保險費之資金來源為解約、貸款或保險單借款及六十五歲以上之客戶加強評估其是否適合投保本商品,並應考量六十五歲以上之客戶是否具有辨識不利其投保權益情形之能力。

3. 應建立檢核客戶投保前三個月內是否向同一保險業或其他同業辦理終止契約、同一保險業辦理貸款或保險單借款;以及客戶與該保險業往來交易所提供相關財務資訊具一致性之機制。

4. 不得承保客戶投資屬性經評估非為積極型且以貸款或保險單借款繳交保險費者之保件。

(四)複核抽查原則:應就招攬人員有無充分告知及商品適合性訂定抽查原則。

(五)客戶資料運用及保密原則:應訂定客戶資料運用、維護之範圍及層級,並建立防範客戶資料外流等不當運用之控管機制。

十二、第九點所稱不尋常或可疑交易作業準則,其內容至少應包括下列事項:

(一)辨識及追蹤控管不尋常或可疑交易之管理機制之建立。

(二)對高風險客戶往來交易例外管理機制之建立。

(三)防制洗錢訓練機制之建立。

十三、第九點所稱保險招攬之作業準則,其內容至少應包括下列事項:

(一)應訂定廣告或宣傳資料製作之管理規範,及傳遞、散布或宣傳之控管作業程序。

(二)應建立一套商品適合度政策,包括客戶風險等級、商品風險等

級之分類，並依據客戶風險之承受度提供客戶適當之商品，不得受理非專業投資人投資超過其適合等級之結構型商品或限專業投資人投資之結構型商品。另應建立監控機制以避免招攬人員不當銷售之行為。

（三）銷售本商品時，應將本商品之風險、報酬及其他相關資訊對客戶作適時之揭露，並提供相關銷售文件，至少應包括保險商品說明書。如係連結結構型商品者，另應提供客戶投資報酬與風險告知書、結構型商品中文產品說明書及中文投資人須知。

（四）本商品銷售文件應依投資型保險資訊揭露應遵循事項之規定製作，其中保險商品說明書須交付要保人留存，並應提供建議書，建議書應一式兩份，其中一份於投保受理時附於要保書，並應請保戶詳閱瞭解後簽名確認。

（五）應建立交易控管機制，至少應包括下列事項：

1. 避免提供客戶逾越財力狀況或不合適之商品或服務，包括對六十五歲以上之客戶提供不適合之商品或服務。

2. 避免招攬人員非授權或不當銷售之行為。

3. 招攬人員不得勸誘客戶解除或終止契約，或以貸款、保險單借款繳交本商品之保險費。

（六）本商品係連結境外結構型商品者，保險業應於銷售前依境外結構型商品管理規則及相關規範善盡告知義務。其連結境內結構型商品者，亦準用之。

（七）本商品依投資型保險投資管理辦法第五條第一項第二款委託經主管機關核准經營或兼營全權委託投資業務之事業代為運用與管理專設帳簿之資產，為匯率避險目的，從事與專設帳簿資產有關之貨幣相關衍

生性金融商品交易者，銷售本商品時，應將匯率避險之性質、風險及相關資訊對客戶做適當之說明，並不得以低風險或無匯率風險，作為廣告或其他營業活動之訴求。

十四、第九點所稱內線交易及利益衝突之防範機制，其內容至少應包括下列事項：

（一）應訂定資訊安全、防火牆等資訊隔離政策，避免資訊不當流用予未經授權者。

（二）應訂定員工行為守則。

（三）保險業及本商品之招攬人員，不得直接或間接向投資標的發行機構要求、期約或收受不當之金錢、財物或其他利益，並納入法令遵循制度之查核項目。

（四）保險業及本商品之招攬人員，不得給付或支領推介客戶申辦貸款之報酬。但招攬人員於貸款案件送件日前後三個月內未向同一客戶招攬本商品者，不在此限。

（五）本商品之招攬人員不得以收取佣金或報酬多寡作為銷售本商品之唯一考量，亦不得利誘客戶投保本商品或以誘導客戶轉保方式進行招攬。

（六）銷售本商品之各項費用應依投資型保險資訊揭露應遵循事項之規定辦理。

十五、第九點規定保險業應訂定客戶紛爭之處理程序，其內容至少應包括受理申訴之程序、回應申訴之程序及適當調查申訴之程序。

十六、保險業應將本注意事項之內容，依保險業內部控制及稽核制度實施辦法第五條第一項第二款規定納入內部控制作業之處理程序，並辦

理內部稽核及自行查核。保險業從事本商品招攬、核保、保全之業務單位應每季辦理專案自行查核，內部稽核單位應至少每年辦理本商品銷售作業之專案查核。

十七、保險業應確實要求與其往來之保險代理人、保險經紀人、共同行銷或合作推廣對象，遵守本注意事項及投資型保險商品銷售自律規範之規定，並納入與其簽訂之合約內容加強管理。有關投資型保險商品銷售自律規範由中華民國人壽保險商業同業公會訂定之。

十八、保險業銷售本商品，如違反本注意事項之規定，主管機關得依保險法規定，依其情節輕重為適當之處分。

投資型年金險示範條款

金管會 103.10.24 金管保壽字第 10302085890 號函發布

金管會 104.06.24 金管保壽字第 10402049830 號函修正

金管會 108.12.30 金管保壽字第 1080439731 號函修正

保險契約的構成

第一條

本保險單條款、附著之要保書、批註及其他約定書，均為本保險契約（以下簡稱本契約）的構成部分。

本契約的解釋，應探求契約當事人的真意，不得拘泥於所用的文字；如有疑義時，以作有利於被保險人的解釋為原則。

名詞定義

第二條

本契約所用名詞定義如下：

一、年金金額：係指依本契約約定之條件及期間，本公司分期給付之金額。

二、年金給付開始日：係指本契約所載明，依本契約約定本公司開始負有給付年金義務之日期，如有變更，以變更後之日期為準。

三、年金累積期間：係指本契約生效日至年金給付開始日前一日之期間。

四、保證期間：係指依本契約約定，於年金給付開始日後，不論被保險人生存與否，本公司保證給付年金之期間。

五、未支領之年金餘額：係指被保險人於本契約年金保證期間內尚未

領取之年金金額。

六、預定利率：係指本公司於年金給付開始日用以計算年金金額之利率，本公司將參考○○○○訂定。

七、年金生命表：係指本公司於年金給付開始日用以計算年金金額之生命表。

八、保費費用：係指因本契約簽訂及運作所產生並自保險費中扣除之相關費用，包含核保、發單、銷售、服務及其他必要費用。保費費用之金額為要保人繳付之保險費乘以附表○相關費用一覽表中「保費費用表」所列之百分率所得之數額。

九、保單管理費：係指為維持本契約每月管理所產生且自保單帳戶價值中扣除之費用，並依第九條約定時點扣除，其費用額度如附表○。

十、解約費用：係指本公司依本契約第十九條約定於要保人終止契約時，自給付金額中所收取之費用。其金額按附表○所載之方式計算。

十一、部分提領費用：係指本公司依本契約第二十條約定於要保人部分提領保單帳戶價值時，自給付金額中所收取之費用。其金額按附表○所載之方式計算。

十二、首次投資配置金額：係指依下列順序計算之金額：

（一）要保人所交付之第一期保險費扣除保費費用後之餘額；

（二）加上要保人於首次投資配置日前，再繳交之保險費扣除保費費用後之餘額；

（三）扣除首次投資配置日前，本契約應扣除之保單管理費（由各公司視實際情況訂定）；

（四）加上按前三目之每日淨額，依○○○○之利率，逐日以日單利

計算至首次投資配置日之前一日止之利息。

十三、首次投資配置日：係指根據第四條約定之契約撤銷期限屆滿之後的第〇個資產評價日。

十四、投資標的：係指本契約提供要保人選擇以累積保單帳戶價值之投資工具，其內容如附表〇。

十五、資產評價日：係指投資標的報價市場報價或證券交易所營業之日期，且為我國境內銀行及本公司之營業日。

十六、投資標的單位淨值：係指投資標的於資產評價日實際交易所採用之每單位「淨資產價值或市場價值」。本契約投資標的單位淨值將公告於本公司網站。

十七、投資標的價值：係指以原投資標的計價幣別作為投資標的之單位基準，在本契約年金累積期間內，其價值係依本契約項下各該投資標的之單位數乘以其投資標的單位淨值計算所得之值。

十八、保單帳戶價值：係指以新臺幣為單位基準，在本契約年金累積期間內，其價值係依本契約所有投資標的之投資標的價值總和加上尚未投入投資標的之金額；但於首次投資配置日前，係指依第十二款方式計算至計算日之金額。

十九、保單週月日：係指本契約生效日以後每月與契約生效日相當之日，若當月無相當日者，指該月之末日。

二十、保險年齡：係指按投保時被保險人以足歲計算之年齡，但未滿一歲的零數超過六個月者加算一歲，以後每經過一個保險單年度加算一歲。

保險公司應負責任的開始

第三條

本公司應自同意承保並收取第一期保險費後負保險責任，並應發給保險單作為承保的憑證。

本公司如於同意承保前，預收相當於第一期保險費之金額時，其應負之保險責任，以同意承保時溯自預收相當於第一期保險費金額時開始。但本公司同意承保前而被保險人身故時，本公司無息退還要保人所繳保險費。

本公司自預收相當於第一期保險費之金額後十五日內不為同意承保與否之意思表示者，視為同意承保。

契約撤銷權

※ 辦理電子商務適用

第四條

要保人於保險單送達的翌日起算十日內，得以書面或其他約定方式檢同保險單向本公司撤銷本契約。

要保人依前項約定行使本契約撤銷權者，撤銷的效力應自要保人書面或其他約定方式之意思表示到達翌日零時起生效，本契約自始無效，本公司應無息退還要保人所繳保險費。

※ 未辦理電子商務適用

第四條

要保人於保險單送達的翌日起算十日內，得以書面檢同保險單向本公司撤銷本契約。

要保人依前項約定行使本契約撤銷權者，撤銷的效力應自要保人書面

之意思表示到達翌日零時起生效，本契約自始無效，本公司應無息退還要保人所繳保險費。

保險範圍

第五條

被保險人於本契約有效期間內身故者，本公司依本契約約定返還保單帳戶價值或給付未支領之年金餘額。

被保險人於年金給付開始日後仍生存且本契約仍有效者，本公司依本契約約定分期給付年金金額。

第二期以後保險費的交付、寬限期間及契約效力的停止

第六條

分期繳納的第二期以後保險費，可於年金累積期間內繳納，但每次繳交之金額須符合○○○○之約定。要保人交付保險費時，應照本契約所約定交付方式，並由本公司交付開發之憑證。

第二期以後保險費扣除保費費用後，其餘額於本公司保險費實際入帳日之後的第○個資產評價日依第十一條之約定配置於各投資標的；但於首次投資配置日前，該第二期以後保險費扣除保費費用後之餘額依第二條第十二款約定納入首次投資配置金額計算。

本契約年金累積期間內，若本契約保單帳戶價值扣除保險單借款本息後之餘額不足以支付當月保單管理費時，本公司按日數比例扣除至保單帳戶價值為零，本公司應於前述保單帳戶價值為零之當日催告要保人交付保險費，自催告到達翌日起三十日內為寬限期間。

逾寬限期間仍未交付者，本契約自寬限期間終了翌日起停止效力。

契約效力的恢復

第七條

本契約停止效力後，要保人得在停效日起〇〇年內（不得低於二年），申請復效。但年金累積期間屆滿後不得申請復效。

前項復效申請，經要保人清償寬限期間欠繳之保單管理費，並另外繳交原應按期繳納至少一期之保險費後，自翌日上午零時起恢復效力。

前項繳交之保險費扣除保費費用後之餘額，本公司於保險費實際入帳日之後的第〇個資產評價日，依第十一條之約定配置於各投資標的。

本契約因第二十六條約定停止效力而申請復效者，除復效程序依前三項約定辦理外，如有第二十六條第二項所約定保單帳戶價值不足扣抵保險單借款本息時，不足扣抵部分應一併清償之。

本契約效力恢復時，本公司按日數比例收取當期未經過期間之保單管理費，以後仍依約定扣除保單管理費。

基於保戶服務，本公司於保險契約停止效力後至得申請復效之期限屆滿前〇個月（不低於三個月），將以書面、電子郵件、簡訊或其他約定方式擇一通知要保人有行使第一項申請復效之權利，並載明要保人未於第一項約定期限屆滿前恢復保單效力者，契約效力將自第一項約定期限屆滿之日翌日上午零時起終止，以提醒要保人注意。

本公司已依要保人最後留於本公司之前項聯絡資料發出通知，視為已完成前項之通知。

第一項約定期限屆滿時，本契約效力即行終止。

首次投資配置日後不定期保險費的處理

※ 辦理電子商務適用

第八條

首次投資配置日後，要保人得於年金累積期間內向本公司交付不定期保險費，本公司以下列二者較晚發生之時點，將該不定期保險費扣除其保費費用後之餘額，依要保人所指定之投資標的配置比例，於次○個資產評價日將該餘額投入在本契約項下的投資標的中：

一、該不定期保險費實際入帳日。

二、本公司同意要保人交付該不定期保險費之日。

前項要保人申請交付之不定期保險費，本公司如不同意收受，應以書面或其他約定方式通知要保人。

※ 未辦理電子商務適用

第八條

首次投資配置日後，要保人得於年金累積期間內向本公司交付不定期保險費，本公司以下列二者較晚發生之時點，將該不定期保險費扣除其保費費用後之餘額，依要保人所指定之投資標的配置比例，於次○個資產評價日將該餘額投入在本契約項下的投資標的中：

一、該不定期保險費實際入帳日。

二、本公司同意要保人交付該不定期保險費之日。

前項要保人申請交付之不定期保險費，本公司如不同意收受，應以書面或其他可資證明之方式通知要保人。

保單管理費的收取方式

第九條

本公司於本契約生效日及每保單週月日將計算本契約之保單管理費，於○○○○日由保單帳戶價值依當時（或保單週月日當時）○○○○扣

除之。但首次投資配置日前之保單管理費，依第二條第十二款約定自首次投資配置金額扣除。

貨幣單位與匯率計算

第十條

本契約保險費之收取、年金給付、返還保單帳戶價值、償付解約金、部分提領金額、給付收益分配及支付、償還保險單借款，應以新臺幣為貨幣單位。

本契約匯率計算方式約定如下：

一、保險費及其加計利息配置於投資標的：本公司根據○○○○日匯率參考機構之○○○○匯率賣出價格計算。

二、年金累積期間屆滿日之保單帳戶價值結清、返還保單帳戶價值、給付收益分配及償付解約金、部分提領金額：

(一)年金累積期間屆滿日之保單帳戶價值結清：本公司根據○○○○日匯率參考機構之○○○○匯率買入價格計算。

(二)返還保單帳戶價值：本公司根據○○○○日匯率參考機構之○○○○匯率買入價格計算。

(三)給付收益分配：本公司根據○○○○日匯率參考機構之○○○○匯率買入價格計算。

(四)償付解約金、部分提領金額：本公司根據○○○○日匯率參考機構之○○○○匯率買入價格計算。

三、保單管理費：本公司根據○○○○日匯率參考機構之○○○○匯率買入價格計算。

四、投資標的之轉換：本公司根據○○○○日匯率參考機構之

○○○○匯率買入價格，將轉出之投資標的金額扣除依第十三條約定之轉換費用後，依○○○○日匯率參考機構之○○○○匯率賣出價格計算，轉換為等值轉入投資標的計價幣別之金額。但投資標的屬於相同幣別相互轉換者，無幣別轉換之適用。

前項之匯率參考機構係指○○銀行，但本公司得變更上述匯率參考機構，惟必須提前○○日（不得低於十日）以書面或其他約定方式通知要保人。

投資標的及配置比例約定

第十一條

要保人投保本契約時，應於要保書選擇購買之投資標的及配置比例。

要保人於本契約年金累積期間內，得以書面或其他約定方式通知本公司變更前項選擇。

投資標的之收益分配

第十二條

本契約所提供之投資標的如有收益分配時，本公司應以該投資標的之收益總額，依本契約所持該投資標的價值佔本公司投資該標的之總價值之比例將該收益分配予要保人。但若有依法應先扣繳之稅捐時，本公司應先扣除之。

依前項分配予要保人之收益，本公司應將分配之收益於該收益實際分配日投入該投資標的。但若本契約於收益實際分配日已終止、停效、收益實際分配日已超過年金累積期間屆滿日或其他原因造成無法投資該標的時，本公司將改以現金給付予要保人。（保險公司得依實務情況約定其他處理方式）

本契約若以現金給付收益時，本公司應於該收益實際分配日起算〇日（不得高於十五日）內主動給付之。但因可歸責於本公司之事由致未在前開期限內為給付者，應加計利息給付，其利息按給付當時〇〇〇〇的利率計算。（不得低於本保單辦理保險單借款之利率與民法第二百零三條法定週年利率兩者取其大之值）

投資標的轉換

※ 辦理電子商務適用

第十三條

要保人得於本契約年金累積期間內向本公司以書面或其他約定方式申請不同投資標的之間的轉換，並應於申請書（或電子申請文件）中載明轉出的投資標的及其單位數（或轉出金額或轉出比例）及指定欲轉入之投資標的。

本公司以收到前項申請書（或電子申請文件）後之次〇個資產評價日為準計算轉出之投資標的價值，並以該價值扣除轉換費用後，於本公司〇〇〇〇後的次〇個資產評價日配置於欲轉入之投資標的。

前項轉換費用如附表〇。

當申請轉換的金額低於〇〇元或轉換後的投資標的價值將低於〇〇元時，本公司得拒絕該項申請，並書面或其他約定方式通知要保人。

※ 未辦理電子商務適用

第十三條

要保人得於本契約年金累積期間內向本公司以書面或其他約定方式申請不同投資標的之間的轉換，並應於申請書中載明轉出的投資標的及其單位數（或轉出金額或轉出比例）及指定欲轉入之投資標的。

本公司以收到前項申請書後之次○個資產評價日為準計算轉出之投資標的價值，並以該價值扣除轉換費用後，於本公司○○○○後的次○個資產評價日配置於欲轉入之投資標的。

前項轉換費用如附表○。

當申請轉換的金額低於○○元或轉換後的投資標的的價值將低於○○元時，本公司得拒絕該項申請，並書面通知要保人。

投資標的之新增、關閉與終止

第十四條

本公司得依下列方式，新增、關閉與終止投資標的之提供：

一、本公司得新增投資標的供要保人選擇配置。

二、本公司得主動終止某一投資標的，且應於終止或關閉日前○○日（不得低於三十日）以書面或其他約定方式通知要保人。但若投資標的之價值仍有餘額時，本公司不得主動終止該投資標的。

三、本公司得經所有持有投資標的價值之要保人同意後，主動關閉該投資標的，並於關閉日前○○日（不得低於三十日）以書面或其他約定方式通知要保人。

四、本公司得配合某一投資標的之終止或關閉，而終止或關閉該投資標的。但本公司應於接獲該投資標的發行或經理機構之通知後○日內（不得高於五日）於本公司網站公布，並另於收到通知後○日內（不得高於三十日）以書面或其他約定方式通知要保人。

投資標的一經關閉後，於重新開啟前禁止轉入及再投資。投資標的一經終止後，除禁止轉入及再投資外，保單帳戶內之投資標的價值將強制轉出。

投資標的依第一項第二款、第三款及第四款調整後，要保人應於接獲本公司書面或其他約定方式通知後十五日內且該投資標的終止或關閉日〇日前（不得高於三日）向本公司提出下列申請：

一、投資標的終止時：將該投資標的之價值申請轉出或提領，並同時變更購買投資標的之投資配置比例。

二、投資標的關閉時：變更購買投資標的之投資配置比例。

若要保人未於前項期限內提出申請，或因不可歸責於本公司之事由致本公司接獲前項申請時已無法依要保人指定之方式辦理，視為要保人同意以該通知約定之方式處理。而該處理方式亦將於本公司網站公布。

因前二項情形發生而於投資標的終止或關閉前所為之轉換及提領，該投資標的不計入轉換次數及提領次數。

特殊情事之評價與處理

第十五條

投資標的於資產評價日遇有下列情事之一，致投資標的發行、經理或計算代理機構暫停計算投資標的單位淨值或贖回價格，導致本公司無法申購或申請贖回該投資標的時，本公司將不負擔利息，並依與投資標的發行、經理或計算代理機構間約定之恢復單位淨值或贖回價格計算日，計算申購之單位數或申請贖回之金額：

一、因天災、地變、罷工、怠工、不可抗力之事件或其他意外事故所致者。

二、國內外政府單位之命令。

三、投資所在國交易市場非因例假日而停止交易。

四、非因正常交易情形致匯兌交易受限制。

五、非可歸責於本公司之事由致使用之通信中斷。

六、有無從收受申購或贖回請求或給付申購單位、贖回金額等其他特殊情事者。

七、〇〇〇〇（本公司與投資標的所屬公司間約定之情事）。

要保人依第二十六條約定申請保險單借款或本公司依第十八條之約定計算年金金額時，如投資標的遇前項各款情事之一，致發行、經理或計算代理機構暫停計算投資標的單位淨值，本契約以不計入該投資標的之價值的保單帳戶價值計算可借金額上限或年金金額，且不加計利息。待特殊情事終止時，本公司應即重新計算年金金額或依要保人之申請重新計算可借金額上限。

第一項特殊情事發生時，本公司應主動以書面或其他約定方式告知要保人。

因投資標的發行、經理或計算代理機構拒絕投資標的之申購或贖回、該投資標的已無可供申購之單位數，或因法令變更等不可歸責於本公司之事由，致本公司無法依要保人指定之投資標的及比例申購或贖回該投資標的時，本公司將不負擔利息，並應於接獲主管機關或發行、經理或計算代理機構通知後〇日內（不得高於十日）於網站公告處理方式。

保單帳戶價值之通知

第十六條

本契約於年金累積期間內仍有效時，本公司將依約定方式，採書面或電子郵遞方式每〇個月（不得高於三個月）通知要保人其保單帳戶價值。

前項保單帳戶價值內容包括如下：

一、期初及期末計算基準日。

二、投資組合現況。

三、期初單位數及單位淨值。

四、本期單位數異動情形（含異動日期及異動當時之單位淨值）。

五、期末單位數及單位淨值。

六、本期收受之保險費金額。

七、本期已扣除之各項費用明細（包括保費費用、保單管理費）。

八、期末之解約金金額。

九、期末之保險單借款本息。

十、本期收益分配情形。

年金給付的開始及給付期間

※ 辦理電子商務適用

第十七條

要保人投保時可選擇第○保單週年日（不得早於第六保單週年日）做為年金給付開始日，但不得超過被保險人保險年齡達○歲之保單週年日；要保人不做給付開始日的選擇時，本公司以被保險人保險年齡達○○歲（不得晚於七十歲）之保單週年日做為年金給付開始日。

要保人亦得於年金給付開始日的○○日（不得低於六十日）前以書面或其他約定方式通知本公司變更年金給付開始日；變更後的年金給付開始日須在申請日○○日（不得高於六十日）之後，且須符合前項給付日之約定。

本公司應於年金給付開始日的○○日（不得低於六十日）前通知要保人試算之年金給付內容。但實際年金給付金額係根據第十八條約定辦理。

前項試算之年金給付內容應包含：

一、年金給付開始日。

二、預定利率。

三、年金生命表。

四、保證期間。

五、給付方式。

六、每期年金金額。

年金給付開始日後，本公司於被保險人生存期間，依約定分期給付年金金額，最高給付年齡以被保險人保險年齡到達〇〇歲為止。但於保證期間內不在此限。

※ 未辦理電子商務適用

第十七條

要保人投保時可選擇第〇保單週年日（不得早於第六保單週年日）做為年金給付開始日，但不得超過被保險人保險年齡達〇歲之保單週年日；要保人不做給付開始日的選擇時，本公司以被保險人保險年齡達〇〇歲（不得晚於七十歲）之保單週年日做為年金給付開始日。

要保人亦得於年金給付開始日的〇〇日（不得低於六十日）前以書面通知本公司變更年金給付開始日；變更後的年金給付開始日須在申請日〇〇日（不得高於六十日）之後，且須符合前項給付日之約定。

本公司應於年金給付開始日的〇〇日（不得低於六十日）前通知要保人試算之年金給付內容。但實際年金給付金額係根據第十八條約定辦理。

前項試算之年金給付內容應包含：

一、年金給付開始日。

二、預定利率。

三、年金生命表。

四、保證期間。

五、給付方式。

六、每期年金金額。

年金給付開始日後，本公司於被保險人生存期間，依約定分期給付年金金額，最高給付年齡以被保險人保險年齡到達○○歲為止。但於保證期間內不在此限。

年金金額之計算

第十八條

在年金給付開始日時，本公司以年金累積期間屆滿日之保單帳戶價值（如有保險單借款應扣除保險單借款及其應付利息後），依據當時預定利率及年金生命表計算每○給付年金金額。

前項每○領取之年金金額若低於新臺幣○○元時，本公司改依年金累積期間屆滿日之保單帳戶價值於年金給付開始日起十五日內一次給付受益人，本契約效力即行終止。如因可歸責於本公司之事由致未在前開期限內為給付者，本公司應加計利息給付，其利息按給付當時○○○○的利率（不得低於年利率一分）計算。

年金累積期間屆滿日之保單帳戶價值如已逾年領年金給付金額新臺幣○○萬元所需之金額時，其超出的部分之保單帳戶價值於年金給付開始日起十五日內返還予要保人。如因可歸責於本公司之事由致未在前開期限內為給付者，應加計利息給付，其利息按給付當時○○○○的利率計算。（不得低於本保單辦理保險單借款之利率與民法第二百零三條法定週年利率兩者取其大之值）。

契約的終止及其限制

第十九條

要保人得於年金給付開始日前隨時終止本契約。

前項契約之終止，自本公司收到要保人書面通知時，開始生效。

本公司應以收到前項書面通知之次〇個資產評價日的保單帳戶價值扣除解約費用後之餘額計算解約金，並於接到通知之日起一個月內償付之。逾期本公司應加計利息給付，其利息按給付當時〇〇〇〇的利率（不得低於年利率一分）計算。

前項解約費用如附表〇。

年金給付期間，要保人不得終止本契約。

保單帳戶價值的部分提領

第二十條

年金給付開始日前，要保人得向本公司提出申請部分提領其保單帳戶價值，但每次提領之保單帳戶價值不得低於新臺幣〇〇元（不得高於一萬元）且提領後的保單帳戶價值不得低於新臺幣〇〇元（不得高於三萬元）。

要保人申請部分提領時，按下列方式處理：

一、要保人必須在申請文件中指明部分提領的投資標的單位數（或金額或比例。）

二、本公司以收到前款申請文件後之次〇個資產評價日為準計算部分提領的保單帳戶價值。

三、本公司將於收到要保人之申請文件後一個月內，支付部分提領的金額扣除部分提領費用後之餘額。逾期本公司應加計利息給付，其利息

按給付當時○○○○的利率（不得低於年利率一分）計算。

前項部分提領費用如附表○。

被保險人身故的通知與返還保單帳戶價值

第二十一條

被保險人身故後，要保人或受益人應於知悉被保險人發生身故後通知本公司。

被保險人之身故若發生於年金給付開始日前者，本公司將根據收齊第二十三條約定申請文件後之次○個資產評價日計算之保單帳戶價值返還予要保人或其他應得之人，本契約效力即行終止。

被保險人之身故若發生於年金給付開始日後者，如仍有未支領之年金餘額，本公司應將其未支領之年金餘額依約定給付予身故受益人或其他應得之人。

失蹤處理

第二十二條

被保險人於本契約有效期間內年金給付開始日前失蹤，且法院宣告死亡判決內所確定死亡時日在年金給付開始日前者，本公司依本契約第二十一條約定返還保單帳戶價值。

前項保單帳戶價值，其評價時點以申請所需相關文件送達本公司後之次○個資產評價日為準。

被保險人於本契約有效期間內且年金給付開始日後失蹤者，除有未支領之年金餘額外，本公司根據法院宣告死亡判決內所確定死亡時日為準，不再負給付年金責任；但於日後發現被保險人生還時，本公司應依契約約定繼續給付年金，並補足其間未付年金。

前項情形，於被保險人在本契約有效期間內年金給付開始日前失蹤，且法院宣告死亡判決內所確定死亡時日在年金開始給付後者，亦適用之。

返還保單帳戶價值的申請

第二十三條

要保人依第二十一條或第二十二條之約定申領「保單帳戶價值」時，應檢具下列文件：

一、保險單或其謄本。

二、被保險人死亡證明文件及除戶戶籍謄本。

三、申請書。

四、要保人或其他應得之人的身分證明。

本公司應於收齊前項文件後十五日內給付之。但因可歸責於本公司之事由致未在前開期限內為給付者，應給付遲延利息年利一分。

年金的申領

第二十四條

被保險人於年金給付開始日後生存期間每年第一次申領年金給付時，應提出可資證明被保險人生存之文件。但於保證期間內不在此限。

保證期間年金受益人得申請提前給付，其計算之貼現利率為○○。

被保險人身故後若仍有未支領之年金餘額，受益人申領時應檢具下列文件：

一、保險單或其謄本。

二、被保險人死亡證明文件及除戶戶籍謄本。

三、受益人的身分證明。

除第一期年金金額可於年金給付開始日起十五日內給付外，其他期年

金金額應於各期之應給付日給付。如因可歸責於本公司之事由，致第一期年金金額逾年金給付開始日起十五日內未給付，或其他期年金金額逾應給付日未給付時，應給付遲延利息年利一分。

未還款項的扣除

第二十五條

年金給付開始日前，本公司給付收益分配、返還保單帳戶價值及償付解約金、部分提領金額時，如要保人仍有保險單借款本息或寬限期間欠繳之保單管理費等未償款項者，本公司得先抵銷上述欠款及扣除其應付利息後給付其餘額。

年金給付開始日時，依第十八條約定計算年金金額。

保險單借款及契約效力的停止

第二十六條

年金給付開始日前，要保人得向本公司申請保險單借款，其可借金額上限為借款當日保單帳戶價值之○○％。

當未償還之借款本息，超過本契約保單帳戶價值之○○％（不得高於八十％）時，本公司應以書面或其他約定方式通知要保人；如未償還之借款本息超過本契約保單帳戶價值之○○％（不得高於九十％）時，本公司應再以書面通知要保人償還借款本息，要保人如未於通知到達翌日起算○日（不得低於二日）內償還時，本公司將以保單帳戶價值扣抵之。但若要保人尚未償還借款本息，而本契約累積的未償還之借款本息已超過保單帳戶價值時，本公司將立即扣抵並以書面通知要保人，要保人如未於通知到達翌日起算三十日內償還不足扣抵之借款本息時，本契約自該三十日之次日起停止效力。

本公司於本契約累積的未償還借款本息已超過保單帳戶價值，且未依前項約定為通知時，於本公司以書面通知要保人之日起三十日內要保人未償還不足扣抵之借款本息者，保險契約之效力自該三十日之次日起停止。

年金給付期間，要保人不得以保險契約為質，向本公司借款。

不分紅保單

第二十七條

本保險為不分紅保單，不參加紅利分配，並無紅利給付項目。

投保年齡的計算及錯誤的處理

第二十八條

要保人在申請投保時，應將被保險人出生年月日在要保書填明。被保險人的投保年齡，以足歲計算，但未滿一歲的零數超過六個月者，加算一歲。

被保險人的投保年齡發生錯誤時，依下列約定辦理：

一、真實投保年齡高於本契約最高承保年齡者，本契約無效，本公司應將已繳保險費無息退還要保人，如有已給付年金者，受益人應將其無息退還本公司。

二、因投保年齡錯誤，而致本公司短發年金金額者，本公司應計算實付年金金額與應付年金金額的差額，於下次年金給付時按應付年金金額給付，並一次補足過去實付年金金額與應付年金金額的差額。

三、因投保年齡錯誤，而溢發年金金額者，本公司應重新計算實付年金金額與應付年金金額的差額，並於未來年金給付時扣除。

前項第一、二款情形，其錯誤原因歸責於本公司者，應加計利息退還各款約定之金額，其利息按給付當時○○○○的利率計算（不得低於本

保單辦理保險單借款之利率與民法第二百零三條法定週年利率兩者取其大之值）。

受益人的指定及變更

※ 辦理電子商務適用

第二十九條

本契約受益人於被保險人生存期間為被保險人本人，本公司不受理其指定或變更。

除前項約定外，要保人得依下列約定指定或變更受益人：

一、於訂立本契約時，得經被保險人同意指定身故受益人，如未指定者，以被保險人之法定繼承人為本契約身故受益人。

二、除聲明放棄處分權者外，於保險事故發生前得經被保險人同意變更身故受益人，如要保人未將前述變更通知本公司者，不得對抗本公司。

前項身故受益人的指定或變更，於要保人檢具申請書及被保險人的同意書（要、被保險人為同一人時為申請書或電子申請文件）送達本公司時，本公司即予批註或發給批註書。

※ 未辦理電子商務適用

第二十九條

本契約受益人於被保險人生存期間為被保險人本人，本公司不受理其指定或變更。

除前項約定外，要保人得依下列約定指定或變更受益人：

一、於訂立本契約時，得經被保險人同意指定身故受益人，如未指定者，以被保險人之法定繼承人為本契約身故受益人。

二、除聲明放棄處分權者外，於保險事故發生前得經被保險人同意變

更身故受益人，如要保人未將前述變更通知本公司者，不得對抗本公司。

前項身故受益人的指定或變更，於要保人檢具申請書及被保險人的同意書送達本公司時，本公司即予批註或發給批註書。

投資風險與法律救濟
第三十條

要保人及受益人對於投資標的價值須直接承擔投資標的之法律、匯率、市場變動風險及投資標的發行或經理機構之信用風險所致之損益。

本公司應盡善良管理人之義務，慎選投資標的，加強締約能力詳加審視雙方契約，並應注意相關機構之信用評等。

本公司對於因可歸責於投資標的發行或經理機構或其代理人、代表人、受僱人之事由減損本投資標的之價值致生損害要保人、受益人者，或其他與投資標的發行或經理機構所約定之賠償或給付事由發生時，本公司應盡善良管理人之義務，並基於要保人、受益人之利益，應即刻且持續向投資標的發行或經理機構進行追償。相關追償費用由本公司負擔。

前項追償之進度及結果應以適當方式告知要保人。

變更住所
※ 辦理電子商務適用
第三十一條

要保人的住所有變更時，應即以書面或其他約定方式通知本公司。

要保人不為前項通知者，本公司之各項通知，得以本契約所載要保人之最後住所發送之。

※ 未辦理電子商務適用

第三十一條

要保人的住所有變更時，應即以書面通知本公司。

要保人不為前項通知者，本公司之各項通知，得以本契約所載要保人之最後住所發送之。

時效

第三十二條

由本契約所生的權利，自得為請求之日起，經過兩年不行使而消滅。

批註

※ 辦理電子商務適用

第三十三條

本契約內容的變更，或記載事項的增刪，除第十條第三項、第十四條第一項及第二十九條約定者外，應經要保人與本公司雙方書面或其他約定方式同意後生效，並由本公司即予批註或發給批註書。

※ 未辦理電子商務適用

第三十三條

本契約內容的變更，或記載事項的增刪，除第十條第三項、第十四條第一項及第二十九條約定者外，應經要保人與本公司雙方書面同意後生效，並由本公司即予批註或發給批註書。

管轄法院

第三十四條

因本契約涉訟者，同意以要保人住所地地方法院為第一審管轄法院，要保人的住所在中華民國境外時，以○○○○地方法院為第一審管轄法

院。但不得排除消費者保護法第四十七條及民事訴訟法第四百三十六條之九小額訴訟管轄法院之適用。

投資型年金保單保險公司收取之相關費用一覽表 (單位：新臺幣元或 %)

費 用 項 目	收 取 標 準
一、保費費用：	
二、保單管理費（註 1 ）	
三、投資相關費用 （註 2 ）	
1. 申購基金手續費	
2. 基金經理費	
3. 基金保管費	
4. 基金贖回費用	
5. 基金轉換費用（註 3 ）	
6. 其他費用（詳列費用項目）	
四、解約及部分提領費用	
1. 解約費用	
2. 部分提領費用（註 4 ）	
五、其他費用（詳列費用項目）	

註：
1 ：請說明如何收取，例如每月 200 元或每年保單帳戶價值的 0.1%。
2 ：請詳列說明保險公司收取之投資相關費用 (非投資機構收取)，若保險公司未收取該項費用，則填寫「本公司未另外收取」。
3 ：如有提供免費轉換或提領次數時，請詳列說明免費次數。
4 ：請說明保戶如何查詢投資機構提供其收取相關費用之最新明細資料，如保險公司於網站提供最新版之商品說明書網址。

投資型人壽保險單示範條款

金管會 103.10.24 金管保壽字第 10302085890 號函訂定

金管會 104.06.24 金管保壽字第 10402049830 號函修正

金管會 107.07.18 金管保壽字第 10704938160 號函修正 金管會 108.04.09 金管保壽字第 10804904941 號函修正 金管會 108.12.30 金管保壽字第 1080439731 號函修正 金管會 109.04.15 金管保壽字第 1090414558 號函修正

行政院金融監督管理委員會 109.7.8 金管保壽字第 1090423012 號函核定修正

第一條 保險契約的構成

本保險單條款、附著之要保書、批註及其他約定書，均為本保險契約（以下簡稱本契約）的構成部分。

本契約的解釋，應探求契約當事人的真意，不得拘泥於所用的文字；如有疑義時，以作有利於被保險人的解釋為原則。

第二條 名詞定義

本契約所用名詞定義如下：

一、基本保額：係指本契約所載明之投保金額。要保人在本契約有效期間內，得申請增加或減少基本保額，且須符合第十條第二項約定。惟增加基本保額，需經本公司同意；減少後之基本保額，不得低於本保險最低承保金額。如該基本保額有所變更時，以變更後之基本保額為準。

二、淨危險保額：係指依要保人在訂立本契約時選擇之保險型態，按下列方式所計算之金額：

（一）甲型：基本保額扣除保單帳戶價值之餘額，但不得為負值。

（二）乙型：基本保額。

三、保險金額：係指本公司於被保險人身故或完全失能所給付之金額。該金額以淨危險保額與保單帳戶價值兩者之總和給付，其中，淨危險保額及保單帳戶價值係以受益人檢齊申請身故、完全失能保險金之所須文件並送達本公司之次○個資產評價日的保單帳戶價值計算。

四、目標保險費：係指本契約所載明之定期繳付保險費，該保險費係依據○○○○訂定，用以提供被保險人身故、完全失能保障及投資需求。

五、超額保險費：係指由要保人申請並經本公司同意，為增加其保單帳戶價值，於目標保險費以外所繳付之保險費。超額保險費得以定期或不定期方式繳交，要保人應先繳足當期及累計未繳之目標保險費後，始得計入超額保險費。（上開繳交超額保險費條件得由各公司自行修正約定）。

六、保費費用：係指因本契約簽訂及運作所產生並自保險費中扣除之相關費用，包含核保、發單、銷售、服務及其他必要費用。保費費用之金額為要保人繳付之保險費乘以附表○相關費用一覽表中「保費費用表」所列之百分率所得之數額。

七、保單管理費：係指為維持本契約每月管理所產生且自保單帳戶價值中扣除之費用，並依第十一條約定時點扣除，其費用額度如附表○。

八、保險成本：係指提供被保險人本契約身故、完全失能保障所需的成本（標準體之費率表如附表○）。由本公司每月根據訂立本契約時被保險人的性別、體況、扣款當時之保險年齡及淨危險保額計算，並依第十一條約定時點扣除。

九、解約費用：係指本公司依本契約第十九條約定於要保人終止契約

時，自給付金額中所收取之費用。其金額按附表〇所載之方式計算。

十、部分提領費用：係指本公司依本契約第二十條約定於要保人部分提領保單帳戶價值時，自給付金額中所收取之費用。其金額按附表〇所載之方式計算。

十一、保險年齡：係指按投保時被保險人以足歲計算之年齡，但未滿一歲的零數超過六個月者加算一歲，以後每經過一個保險單年度加算一歲。

十二、首次投資配置金額：係指依下列順序計算之金額：

（一）要保人所交付之第一期保險費扣除保費費用後之餘額；

（二）加上要保人於首次投資配置日前，再繳交之目標保險費及超額保險費扣除保費費用後之餘額；

（三）扣除首次投資配置日前，本契約應扣除之保險成本及保單管理費（由各公司視實際情況訂定）；

（四）加上按前三目之每日淨額，依〇〇〇〇之利率，逐日以日單利計算至首次投資配置日之前一日止之利息。以日單利計算至首次投資配置日之前一日止之利息。

十三、首次投資配置日：係指根據第四條約定之契約撤銷期限屆滿之後的第〇個資產評價日。

十四、投資標的：係指本契約提供要保人選擇以累積保單帳戶價值之投資工具，其內容如附表〇。

十五、資產評價日：係指投資標的報價市場報價或證券交易所營業之日期，且為我國境內銀行及本公司之營業日。

十六、投資標的單位淨值：係指投資標的於資產評價日實際交易所採

用之每單位「淨資產價值或市場價值」。本契約投資標的單位淨值將公告於本公司網站。

十七、投資標的價值：係指以原投資標的計價幣別作為投資標的之單位基準，其價值係依本契約項下各該投資標的之單位數乘以其投資標的單位淨值計算所得之值。

十八、保單帳戶價值：係指以新臺幣為單位基準，其價值係依本契約所有投資標的之投資標的價值總和加上尚未投入投資標的之金額；但於首次投資配置日前，係指依第十二款方式計算至計算日之金額。

十九、保單週月日：係指本契約生效日以後每月與契約生效日相當之日，若當月無相當日者，指該月之末日。

二十、保險費年度：係指要保人繳付目標保險費之保單年度。惟若歷保單年度有目標保險費未繳足之情形者，應依序補齊之，受遞補之保單年度為該筆目標保險費之保險費年度。

第三條 保險責任的開始及交付保險費

本公司應自同意承保並收取第一期目標保險費後負保險責任，並應發給保險單作為承保的憑證。

本公司如於同意承保前，預收相當於第一期目標保險費之金額時，其應負之保險責任，以同意承保時溯自預收相當於第一期目標保險費金額時開始。

前項情形，在本公司為同意承保與否之意思表示前發生應予給付之保險事故時，本公司仍負保險責任。

第四條 契約撤銷權

（辦理電子商務適用）

　　要保人於保險單送達的翌日起算十日內，得以書面或其他約定方式檢同保險單向本公司撤銷本契約。

　　要保人依前項約定行使本契約撤銷權者，撤銷的效力應自要保人書面或其他約定方式之意思表示到達翌日零時起生效，本契約自始無效，本公司應無息退還要保人所繳保險費；本契約撤銷生效後所發生的保險事故，本公司不負保險責任。但契約撤銷生效前，若發生保險事故者，視為未撤銷，本公司仍應依本契約約定負保險責任。

　　（未辦理電子商務適用）

　　要保人於保險單送達的翌日起算十日內，得以書面檢同保險單向本公司撤銷本契約。

　　要保人依前項約定行使本契約撤銷權者，撤銷的效力應自要保人書面之意思表示到達翌日零時起生效，本契約自始無效，本公司應無息退還要保人所繳保險費；本契約撤銷生效後所發生的保險事故，本公司不負保險責任。但契約撤銷生效前，若發生保險事故者，視為未撤銷，本公司仍應依本契約約定負保險責任。

第五條 保險範圍

　　被保險人於本契約有效期間內身故或致成完全失能者，或於○○○○之保單週年日仍生存時，本公司依本契約約定給付各項保險金。

第六條 第二期以後保險費的交付及配置、寬限期間及契約效力的停止

　　分期繳納的第二期以後保險費，應照本契約所載交付方法及日期，向本公司所在地或指定地點交付，並由本公司交付開發之憑證。

　　第二期以後保險費扣除保費費用後，其餘額於本公司保險費實際入帳

日之後的第○個資產評價日依第十三條之約定配置於各投資標的；但於首次投資配置日前，該第二期以後保險費扣除保費費用後之餘額依第二條第十二款約定納入首次投資配置金額計算。

本契約自契約生效日起，若本契約項下之保單帳戶價值扣除保險單借款本息後之餘額不足以支付當月保險成本及保單管理費時，本公司按日數比例扣除至保單帳戶價值為零，本公司應於前述保單帳戶價值為零之當日催告要保人交付保險費，自催告到達翌日起三十日內為寬限期間。

逾寬限期間仍未交付者，本契約自寬限期間終了翌日起停止效力。如在寬限期間內發生保險事故時，本公司應負保險責任，要保人並應按日數比例支付寬限期間內保險成本及保單管理費。停效期間內發生保險事故時，本公司不負保險責任。

第七條 本契約效力的恢復

本契約停止效力後，要保人得在停效日起○○年內（不得低於二年），申請復效。但保險期間屆滿後不得申請復效。

要保人於停止效力之日起六個月內提出前項復效申請，並經要保人清償寬限期間欠繳之保險成本及保單管理費，並另外繳交原應按期繳納至少一期之目標保險費後，自翌日上午零時起，開始恢復其效力。

要保人於停止效力之日起六個月後提出第一項之復效申請者，本公司得於要保人之復效申請送達本公司之日起○○日（不得超過五日）內要求要保人提供被保險人之可保證明。要保人如未於○○日（不得低於十日）內交齊本公司要求提供之可保證明者，本公司得退回該次復效之申請。

被保險人之危險程度有重大變更已達拒絕承保程度者，本公司得拒絕其復效。

　　本公司未於第三項約定期限內要求要保人提供可保證明，或於收齊可保證明後○○日（不得高於十五日）內不為拒絕者，視為同意復效，並經要保人清償及繳交第二項約定之各項金額後，自翌日上午零時起，開始恢復其效力。

　　要保人依第三項提出申請復效者，除有同項後段或第四項之情形外，於交齊可保證明，並清償及繳交第二項約定之各項金額後，自翌日上午零時起，開始恢復其效力。

　　第二項、第五項及第六項繳交之目標保險費扣除保費費用後之餘額，本公司於保險費實際入帳日之後的第○個資產評價日，依第十三條之約定配置於各投資標的。

　　本契約因第三十三條約定停止效力而申請復效者，除復效程序依前七項約定辦理外，如有第三十三條第二項所約定保單帳戶價值不足扣抵保險單借款本息時，不足扣抵部分應一併清償之。

　　本契約效力恢復時，本公司按日數比例收取當期未經過期間之保險成本及保單管理費，以後仍依約定扣除保險成本及保單管理費。

　　基於保戶服務，本公司於保險契約停止效力後至得申請復效之期限屆滿前○個月（不低於三個月），將以書面、電子郵件、簡訊或其他約定方式擇一通知要保人有行使第一項申請復效之權利，並載明要保人未於第一項約定期限屆滿前恢復保單效力者，契約效力將自第一項約定期限屆滿之日翌日上午零時起終止，以提醒要保人注意。

　　本公司已依要保人最後留於本公司之前項聯絡資料發出通知，視為已完成前項之通知。

　　第一項約定期限屆滿時，本契約效力即行終止。

第八條 告知義務與本契約的解除

（辦理電子商務適用）

要保人在訂立本契約時，對於本公司要保書書面詢問的告知事項應據實說明，如有為隱匿或遺漏不為說明，或為不實的說明，足以變更或減少本公司對於危險的估計者，本公司得解除契約，且得不退還已扣繳之保費費用、保險成本及保單管理費，其保險事故發生後亦同。但危險的發生未基於其說明或未說明的事實時，不在此限。

要保人在增加基本保額時，對於本公司書面（或電子申請文件）詢問的告知事項應據實說明，如有為隱匿或遺漏不為說明，或為不實的說明，足以變更或減少本公司對於危險的估計者，本公司得解除該加保部分之契約，且得不退還已扣繳之保費費用、保險成本及保單管理費，其保險事故發生後亦同。但危險的發生未基於其說明或未說明的事實時，不在此限。

前二項解除契約權，自本公司知有解除之原因後，經過一個月不行使而消滅；或自契約開始日或增加基本保額日起，經過二年不行使而消滅。

本公司依第一項解除契約時，若本契約項下之保單帳戶價值大於零，則本公司以解除契約通知到達的次〇個資產評價日保單帳戶價值返還予要保人。倘被保險人已身故，且已收齊第二十七條約定之申領文件，則本公司以收齊申領文件後之次〇個資產評價日保單帳戶價值返還予要保人。

（未辦理電子商務適用）

要保人在訂立本契約時，對於本公司要保書書面詢問的告知事項應據實說明，如有為隱匿或遺漏不為說明，或為不實的說明，足以變更或減少本公司對於危險的估計者，本公司得解除契約，且得不退還已扣繳之保費費用、保險成本及保單管理費，其保險事故發生後亦同。但危險的

發生未基於其說明或未說明的事實時，不在此限。

　　要保人在增加基本保額時，對於本公司書面詢問的告知事項應據實說明，如有為隱匿或遺漏不為說明，或為不實的說明，足以變更或減少本公司對於危險的估計者，本公司得解除該加保部分之契約，且得不退還已扣繳之保費費用、保險成本及保單管理費，其保險事故發生後亦同。但危險的發生未基於其說明或未說明的事實時，不在此限。

　　前二項解除契約權，自本公司知有解除之原因後，經過一個月不行使而消滅；或自契約開始日或增加基本保額日起，經過二年不行使而消滅。

　　本公司依第一項解除契約時，若本契約項下之保單帳戶價值大於零，則本公司以解除契約通知到達的次○個資產評價日保單帳戶價值返還予要保人。倘被保險人已身故，且已收齊第二十七條約定之申領文件，則本公司以收齊申領文件後之次○個資產評價日保單帳戶價值返還予要保人。

第九條 首次投資配置日後不定期超額保險費的處理

（辦理電子商務適用）

　　首次投資配置日後，要保人依第二條第五款約定申請交付之不定期超額保險費，本公司以下列二者較晚發生之時點，將該不定期超額保險費扣除其保費費用後之餘額，依要保人所指定之投資標的配置比例，於次○個資產評價日將該餘額投入在本契約項下的投資標的中：

　　一、該不定期超額保險費實際入帳日。

　　二、本公司同意要保人交付該不定期超額保險費之日。

　　前項要保人申請交付之不定期超額保險費，本公司如不同意收受，應以書面或其他約定方式通知要保人。

（未辦理電子商務適用）

　　首次投資配置日後，要保人依第二條第五款約定申請交付之不定期超額保險費，本公司以下列二者較晚發生之時點，將該不定期超額保險費扣除其保費費用後之餘額，依要保人所指定之投資標的配置比例，於次〇個資產評價日將該餘額投入在本契約項下的投資標的中：

　　一、該不定期超額保險費實際入帳日。

　　二、本公司同意要保人交付該不定期超額保險費之日。

　　前項要保人申請交付之不定期超額保險費，本公司如不同意收受，應以書面或其他可資證明之方式通知要保人。

第十條 保險費交付及基本保額變更的限制

　　本契約下列金額除以「保單帳戶價值加計當次預定投資保費金額」之比例，應在一定數值以上，始得繳交該次保險費：

　　一、投保甲型者：該金額係指基本保額與「保單帳戶價值加計當次預定投資保費金額」兩者之較大值。但訂立本契約時，以未滿十五足歲之未成年人或受監護宣告尚未撤銷者為被保險人，則為基本保額扣除「保單帳戶價值加計當次預定投資保費金額」之值，且不得為負值。

　　二、投保乙型者：該金額係指基本保額與「保單帳戶價值加計當次預定投資保費金額」兩者之和。但訂立本契約時，以未滿十五足歲之未成年人或受監護宣告尚未撤銷者為被保險人，則為基本保額。

　　本契約下列金額除以保單帳戶價值之比例，應在一定數值以上，始得變更基本保額：

　　一、投保甲型者：該金額係指變更後之基本保額與保單帳戶價值兩者之較大值。但訂立本契約時，以未滿十五足歲之未成年人或受監護宣告尚未撤銷者為被保險人，則為基本保額扣除保單帳戶價值之值，且不得

為負值。

　　二、投保乙型者：該金額係指變更後之基本保額與保單帳戶價值兩者之和。但訂立本契約時，以未滿十五足歲之未成年人或受監護宣告尚未撤銷者為被保險人，則為基本保額。

　　前二項所稱一定數值之標準如下：

　　一、被保險人當時保險年齡在三十歲以下者：百分之一百九十。

　　二、被保險人之當時保險年齡在三十一歲以上，四十歲以下者：百分之一百六十。

　　三、被保險人之當時保險年齡在四十一歲以上，五十歲以下者：百分之一百四十。

　　四、被保險人之當時保險年齡在五十一歲以上，六十歲以下者：百分之一百二十。

　　五、被保險人之當時保險年齡在六十一歲以上，七十歲以下者：百分之一百一十。

　　六、被保險人之當時保險年齡在七十一歲以上，九十歲以下者：百分之一百零二。

　　七、被保險人之當時保險年齡在九十一歲以上者：百分之一百。

　　第一項所稱當次預定投資保費金額係指該次保險費扣除保費費用，且尚未實際配置於投資標的之金額。

　　第一項及第二項數值之判斷時點，以下列時點最新投資標的單位淨值及匯率為準計算：

　　一、定期繳交之保險費：以本公司列印保險費繳費通知單時。

　　二、不定期繳交之保險費：以要保人每次繳交保險費時。

三、變更基本保額：以要保人申請送達本公司時。

第十一條 保險成本暨保單管理費的收取方式

本公司於本契約生效日及每保單週月日將計算本契約之保險成本，併同保單管理費，於○○

○○日由保單帳戶價值依當時（或保單週月日當時）○○○○扣除之。但首次投資配置日前

之保險成本暨保單管理費，依第二條第十二款約定自首次投資配置金額扣除。

第十二條 貨幣單位與匯率計算

本契約保險費之收取、給付各項保險金、收益分配、返還保單帳戶價值、償付解約金、部分提領金額及支付、償還保險單借款，應以新臺幣為貨幣單位。

本契約匯率計算方式約定如下：

一、保險費及其加計利息配置於投資標的：本公司根據○○○○日匯率參考機構之○○○○匯率賣出價格計算。

二、給付各項保險金、收益分配、返還保單帳戶價值及償付解約金、部分提領金額：本公司根據○○○○日匯率參考機構之○○○○匯率買入價格計算。

三、保單管理費及保險成本之扣除：本公司根據○○○○日匯率參考機構之○○○○匯率買入價格計算。

四、投資標的之轉換：本公司根據○○○○日匯率參考機構之○○○○匯率買入價格，將轉出之投資標的金額扣除依第十五條約定之轉換費用後，依○○○○日匯率參考機構之○○○○匯率賣出價格計算，

轉換為等值轉入投資標的計價幣別之金額。但投資標的屬於相同幣別相互轉換者，無幣別轉換之適用。

前項之匯率參考機構係指○○銀行，但本公司得變更上述匯率參考機構，惟必須提前○○日（不得低於十日）以書面或其他約定方式通知要保人。

第十三條 投資標的及配置比例約定

要保人投保本契約時，應於要保書選擇購買之投資標的及配置比例。

要保人於本契約有效期間內，得以書面或其他約定方式通知本公司變更前項選擇。

第十四條 投資標的之收益分配

本契約所提供之投資標的如有收益分配時，本公司應以該投資標的之收益總額，依本契約所持該投資標的價值占本公司投資該標的總價值之比例將該收益分配予要保人。但若有依法應先扣繳之稅捐時，本公司應先扣除之。

依前項分配予要保人之收益，本公司應將分配之收益於該收益實際分配日投入該投資標的。

但若本契約於收益實際分配日已終止、停效、收益實際分配日已超過有效期間屆滿日或其他原因造成無法投資該標的時，本公司將改以現金給付予要保人（保險公司得依實務情況約定其他處理方式）。本契約若以現金給付收益時，本公司應於該收益實際分配日起算○日（不得高於十五日）內主動給付之。但因可歸責於本公司之事由致未在前開期限內為給付者，應加計利息給付，其利息按給付當時○○○○的利率計算。（不得低於本保單辦理保險單借款之利率與民法第二百零三條法定週年利率

兩者取其大之值）

第十五條 投資標的轉換

（辦理電子商務適用）

要保人於本契約有效期間內，得以書面或其他約定方式向本公司申請不同投資標的間之轉換，並應於申請書（或電子申請文件）中載明轉出的投資標的及其單位數（或轉出金額或轉出比例）及指定欲轉入之投資標的。

本公司以收到前項申請書（或電子申請文件）後之次○個資產評價日為準計算轉出之投資標的價值，並以該價值扣除轉換費用後，於本公司○○○○後的次○個資產評價日配置於欲轉入之投資標的。

前項轉換費用如附表○。

當申請轉換的金額低於○○元或轉換後的投資標的價值將低於○○元時，本公司得拒絕該項申請，並書面或其他約定方式通知要保人。

（未辦理電子商務適用）

要保人於本契約有效期間內，得以書面或其他約定方式向本公司申請不同投資標的間之轉換，並應於申請書中載明轉出的投資標的及其單位數（或轉出金額或轉出比例）及指定欲轉入之投資標的。

本公司以收到前項申請書後之次○個資產評價日為準計算轉出之投資標的價值，並以該價值扣除轉換費用後，於本公司○○○○後的次○個資產評價日配置於欲轉入之投資標的。

前項轉換費用如附表○。

當申請轉換的金額低於○○元或轉換後的投資標的價值將低於○○元時，本公司得拒絕該項申請，並書面通知要保人。

第十六條 投資標的之新增、關閉與終止

本公司得依下列方式，新增、關閉與終止投資標的之提供：

一、本公司得新增投資標的供要保人選擇配置。

二、本公司得主動終止某一投資標的，且應於終止日前○○日（不得低於三十日）以書面或其他約定方式通知要保人。但若投資標的之價值仍有餘額時，本公司不得主動終止該投資標的。

三、本公司得經所有持有投資標的價值之要保人同意後，主動關閉該投資標的，並於關閉日前○○日（不得低於三十日）以書面或其他約定方式通知要保人。

四、本公司得配合某一投資標的之終止或關閉，而終止或關閉該投資標的。但本公司應於接獲該投資標的發行或經理機構之通知後○日內（不得高於五日）於本公司網站公布，並另於收到通知後○日內（不得高於三十日）以書面或其他約定方式通知要保人。

投資標的一經關閉後，於重新開啟前禁止轉入及再投資。投資標的一經終止後，除禁止轉入及再投資外，保單帳戶內之投資標的價值將強制轉出。

投資標的依第一項第二款、第三款及第四款調整後，要保人應於接獲本公司書面或其他約定方式通知後十五日內且該投資標的終止或關閉日○日前（不得高於三日）向本公司提出下列申請：

一、投資標的終止時：將該投資標的之價值申請轉出或提領，並同時變更購買投資標的之投資配置比例。

二、投資標的關閉時：變更購買投資標的之投資配置比例。

若要保人未於前項期限內提出申請，或因不可歸責於本公司之事由致

本公司接獲前項申請時已無法依要保人指定之方式辦理，視為要保人同意以該通知約定之方式處理。而該處理方式亦將於本公司網站公布。

因前二項情形發生而於投資標的終止或關閉前所為之轉換及提領，該投資標的不計入轉換次數及提領次數。

第十七條 特殊情事之評價與處理

投資標的於資產評價日遇有下列情事之一，致投資標的發行、經理或計算代理機構暫停計算投資標的單位淨值或贖回價格，導致本公司無法申購或申請贖回該投資標的時，本公司將不負擔利息，並依與投資標的發行、經理或計算代理機構間約定之恢復單位淨值或贖回價格計算日，計算申購之單位數或申請贖回之金額：

一、因天災、地變、罷工、怠工、不可抗力之事件或其他意外事故所致者。

二、國內外政府單位之命令。

三、投資所在國交易市場非因例假日而停止交易。

四、非因正常交易情形致匯兌交易受限制。

五、非可歸責於本公司之事由致使用之通信中斷。

六、有無從收受申購或贖回請求或給付申購單位、贖回金額等其他特殊情事者。

七、○○○○（本公司與投資標的所屬公司間約定之情事）。

要保人依第三十三條約定申請保險單借款或本公司依約定給付保險金時，如投資標的遇前項各款情事之一，致發行、經理或計算代理機構暫停計算投資標的單位淨值，本契約以不計入該投資標的之價值的保單帳戶價值計算可借金額上限或保險金，且不加計利息。待特殊情事終止時，

本公司應即重新計算保險金或依要保人之申請重新計算可借金額上限。

第一項特殊情事發生時，本公司應主動以書面或其他約定方式告知要保人。

因投資標的發行、經理或計算代理機構拒絕投資標的之申購或贖回、該投資標的已無可供申購之單位數，或因法令變更等不可歸責於本公司之事由，致本公司無法依要保人指定之投資標的及比例申購或贖回該投資標的時，本公司將不負擔利息，並應於接獲主管機關或發行、經理或計算代理機構通知後○日內（不得高於十日）於網站公告處理方式。

第十八條 保單帳戶價值之通知

本契約於有效期間內，本公司將依約定方式，採書面或電子郵遞方式每○個月（不得高於三個月）通知要保人其保單帳戶價值。

前項保單帳戶價值內容包括如下：

一、期初及期末計算基準日。

二、投資組合現況。

三、期初單位數及單位淨值。

四、本期單位數異動情形（含異動日期及異動當時之單位淨值）。

五、期末單位數及單位淨值。

六、本期收受之保險費金額。

七、本期已扣除之各項費用明細（包括保費費用、保單管理費、保險成本）。

八、期末之保險金額、解約金金額。

九、期末之保險單借款本息。

十、本期收益分配情形。

第十九條 契約的終止

要保人得隨時終止本契約。

前項契約之終止，自本公司收到要保人書面通知時，開始生效。

要保人繳費累積達有保單帳戶價值而申請終止契約時，本公司應以收到前項書面通知之次○個資產評價日的保單帳戶價值扣除解約費用後之餘額計算解約金，並於接到通知之日起一個月內償付之。逾期本公司應加計利息給付，其利息按給付當時○○○○的利率（不得低於年利率一分）計算。

前項解約費用如附表○。

第二十條 保單帳戶價值的部分提領

於本契約有效期間內，如累積有保單帳戶價值時，要保人得向本公司提出申請部分提領其保單帳戶價值，但每次提領之保單帳戶價值不得低於新臺幣○○元（不得高於一萬元）且提領後的保單帳戶價值不得低於新臺幣○○元（不得高於三萬元）。

要保人申請部分提領時，按下列方式處理：

一、要保人必須在申請文件中指明部分提領的投資標的單位數（或金額或比例）。

二、本公司以收到前款申請文件後之次○個資產評價日為準計算部分提領的保單帳戶價值。

三、本公司將於收到要保人之申請文件後一個月內，支付部分提領的金額扣除部分提領費用後之餘額。逾期本公司應加計利息給付，其利息按給付當時○○○○的利率（不得低於年利率一分）計算。

前項部分提領費用如附表○。

甲型適用：

若要保人申請部分提領時，本公司將自動調整本契約基本保額，其方式如下：

一、若申請當時基本保額大於或等於申請當時保單帳戶價值時，則調整後基本保額為申請當時基本保額扣除申請減少金額之餘額。

二、若申請當時基本保額小於申請當時保單帳戶價值時，則調整後基本保額為下列金額之較小者：

（一）申請當時基本保額。

（二）申請當時保單帳戶價值扣除申請減少金額之餘額。

乙型適用：

若要保人申請部分提領者，本契約之基本保額不受影響。

第二十一條 保險事故的通知與保險金的申請時間

要保人或受益人應於知悉本公司應負保險責任之事故後〇〇日（不得少於五日）內通知本公司，並於通知後儘速檢具所需文件向本公司申請給付保險金。

本公司應於收齊前項文件後〇〇日（不得高於十五日）內給付之。但因可歸責於本公司之事由致未在前開期限內為給付者，應加計利息給付，其利息按給付當時〇〇〇〇的利率（不得低於年利率一分）計算。

第二十二條 失蹤處理

被保險人於本契約有效期間內失蹤者，如經法院宣告死亡時，本公司根據判決內所確定死亡時日為準，並依第二十四條約定返還保單帳戶價值或給付身故保險金或喪葬費用保險金，本契約項下之保單帳戶即為結清；如要保人或受益人能提出證明文件，足以認為被保險人極可能因意外傷

害事故而死亡者，本公司應依意外傷害事故發生日為準，並依第二十四條約定返還保單帳戶價值或給付身故保險金或喪葬費用保險金，本契約項下之保單帳戶即為結清。

第二十三條 祝壽保險金的給付

被保險人於○○○○之保單週年日仍生存且本契約仍有效時，本公司按○○○○給付祝壽保險金，本契約效力即行終止。

第二十四條 身故保險金或喪葬費用保險金的給付與保單帳戶價值之返還

被保險人於本契約有效期間內身故者，本公司按保險金額給付身故保險金，本契約效力即行終止。

訂立本契約時，以未滿十五足歲之未成年人為被保險人，除喪葬費用之給付外，其餘死亡給付之約定於被保險人滿十五足歲之日起發生效力；被保險人滿十五足歲前死亡者，其身故保險金變更為喪葬費用保險金。

前項未滿十五足歲之被保險人如有於民國九十九年二月三日 (不含) 前訂立之保險契約，其喪葬費用保險金之給付依下列方式辦理：

一、被保險人於民國九十九年二月三日 (不含) 前訂立之保險契約，喪葬費用保險金額大於或等於遺產及贈與稅法第十七條有關遺產稅喪葬費扣除額之半數 (含) 者，其喪葬費用保險金之給付，從其約定，一百零九年六月十二日 (含) 以後所投保之喪葬費用保險金額，本公司不負給付責任。

二、被保險人於民國九十九年二月三日 (不含) 前訂立之保險契約，喪葬費用保險金額小於遺產及贈與稅法第十七條有關遺產稅喪葬費扣除額之半數 (含) 者應加計民國一百零九年六月十二日 (含) 以後所投保之

喪葬費用保險金額，被保險人死亡時，受益人得領取之喪葬費用保險金總和（不限本公司），不得超過遺產及贈與稅法第十七條有關遺產稅喪葬費扣除額之半數。超過部分，本公司不負給付責任。

訂立本契約時，以受監護宣告尚未撤銷者為被保險人，其身故保險金變更為喪葬費用保險金。

第二項及第四項喪葬費用保險金額，不包含其屬投資部分之保單帳戶價值。

第二項未滿十五足歲之被保險人於民國一百零九年六月十二日（含）以後及第四項被保險人於民國九十九年二月三日（含）以後所投保之喪葬費用保險金額總和（不限本公司），不得超過遺產及贈與稅法第十七條有關遺產稅喪葬費扣除額之半數，其超過部分本公司不負給付責任。

第三項及第六項情形，被保險人如因發生約定之保險事故死亡，本公司應給付喪葬費用保險金予受益人，如有超過喪葬費用保險金額上限者，須按比例返還超過部分之已扣除保險成本。其原投資部分之保單帳戶價值，則按約定返還予要保人或其他應得之人，其資產評價日依受益人檢齊申請喪葬費用保險金所須文件並送達本公司之次〇個資產評價日為準。

第三項及第六項情形，如要保人向二家（含）以上保險公司投保，或向同一保險公司投保數個保險契（附）約，且其投保之喪葬費用保險金額合計超過所定之限額者，本公司於所承保之喪葬費用金額範圍內，依各要保書所載之要保時間先後，依約給付喪葬費用保險金至喪葬費用額度上限為止。如有二家以上保險公司之保險契（附）約要保時間相同或無法區分其要保時間之先後者，各該保險公司應依其喪葬費用保險金額與扣除要保時間在先之保險公司應理賠之金額後所餘之限額比例分擔其責任。

受益人依第二十七條約定申領身故保險金或喪葬費用保險金時，若已超過第三十九條所約定之時效，本公司得拒絕給付保險金。本公司將以受益人檢齊申請身故保險金或喪葬費用保險金之所須文件並送達本公司之次〇個資產評價日為基準，計算本契約項下的保單帳戶價值，返還予應得之人，本契約項下之保單帳戶即為結清。

第二十五條 完全殘廢保險金的給付

被保險人於本契約有效期間內致成附表〇所列之完全失能等級之一，並經完全失能診斷確定者，本公司按保險金額給付完全失能保險金，本契約效力即行終止。

被保險人同時有兩項以上完全失能時，本公司僅給付一項完全失能保險金。

受益人依第二十九條約定申領完全失能保險金時，若已超過第三十九條所約定之時效，本公司得拒絕給付保險金。本公司將以受益人檢齊申請完全失能保險金之所須文件，並送達本公司之次〇個資產評價日為基準，計算本契約項下的保單帳戶價值，返還予應得之人，本契約項下之保單帳戶即為結清。

第二十六條 祝壽保險金的申領

受益人申領「祝壽保險金」時，應檢具下列文件：

一、保險單或其謄本。

二、保險金申請書。

三、受益人的身分證明。

第二十七條 身故保險金或喪葬費用保險金的申領

受益人申領「身故保險金」或「喪葬費用保險金」時，應檢具下列文

件：

一、保險單或其謄本。

二、被保險人死亡證明書及除戶戶籍謄本。

三、保險金申請書。

四、受益人的身分證明。

第二十八條 返還保單帳戶價值的申請

要保人或應得之人依第二十二條、第二十四條或第三十條約定申請返還保單帳戶價值時，應檢具下列文件：

一、保險單或其謄本。

二、被保險人死亡證明書及除戶戶籍謄本。

三、申請書。

四、要保人或應得之人的身分證明。

因第三十條第一項第二款及第三款情事致成完全失能而提出前項申請者，前項第二款文件改為失能診斷書。

第二十九條 完全失能保險金的申領

受益人申領「完全失能保險金」時，應檢具下列文件：

一、保險單或其謄本。

二、失能診斷書。

三、保險金申請書。

四、受益人的身分證明。

受益人申領失能之保險金時，本公司得對被保險人的身體予以檢驗，必要時並得另經受益人同意調閱被保險人之就醫相關資料，其一切費用由本公司負擔。但不因此延展本公司依第二十一條約定應給付之期限。

第三十條 除外責任

有下列情形之一者，本公司不負給付保險金的責任：

一、要保人故意致被保險人於死。

二、被保險人故意自殺或自成完全失能。但自契約訂立或復效之日起二年後故意自殺致死者，本公司仍負給付身故保險金或喪葬費用保險金之責任。

三、被保險人因犯罪處死或拒捕或越獄致死或完全失能。

前項第一款及第三十一條情形致被保險人完全失能時，本公司按第二十五條的約定給付完全失能保險金。

第一項各款情形而免給付保險金時，本公司依據要保人或受益人檢齊所須文件送達本公司次〇個資產評價日之保單帳戶價值，依照約定返還予應得之人。

第三十一條 受益人受益權之喪失

受益人故意致被保險人於死或雖未致死者，喪失其受益權。

前項情形，如因該受益人喪失受益權，而致無受益人受領身故保險金或喪葬費用保險金時，其身故保險金或喪葬費用保險金作為被保險人遺產。如有其他受益人者，喪失受益權之受益人原應得之部分，依原約定比例計算後分歸其他受益人。

第三十二條 未還款項的扣除

本公司給付各項保險金、收益分配、返還保單帳戶價值及償付解約金、部分提領金額時，如要保人仍有保險單借款本息或寬限期間欠繳之保險成本、保單管理費等未償款項者，本公司得先抵銷上述欠款及扣除其應付利息後給付其餘額。

第三十三條 保險單借款及契約效力的停止

本契約有效期間內，要保人得向本公司申請保險單借款，其可借金額上限為借款當日保單帳戶價值之○○％。

當未償還之借款本息，超過本契約保單帳戶價值之○○％（不得高於八十％）時，本公司應以書面或其他約定方式通知要保人；如未償還之借款本息超過本契約保單帳戶價值之○○％（不得高於九十％）時，本公司應再以書面通知要保人償還借款本息，要保人如未於通知到達翌日起算○日（不得低於二日）內償還時，本公司將以保單帳戶價值扣抵之。但若要保人尚未償還借款本息，而本契約累積的未償還之借款本息已超過保單帳戶價值時，本公司將立即扣抵並以書面通知要保人，要保人如未於通知到達翌日起算三十日內償還不足扣抵之借款本息時，本契約自該三十日之次日起停止效力。

本公司於本契約累積的未償還借款本息已超過保單帳戶價值，且未依前項約定為通知時，於本公司以書面通知要保人之日起三十日內要保人未償還不足扣抵之借款本息者，保險契約之效力自該三十日之次日起停止。

第三十四條 不分紅保單

本保險為不分紅保單，不參加紅利分配，並無紅利給付項目。

第三十五條 投保年齡的計算及錯誤的處理

要保人在申請投保時，應將被保險人出生年月日在要保書填明。被保險人的投保年齡，以足歲計算，但未滿一歲的零數超過六個月者，加算一歲。被保險人的投保年齡發生錯誤時，依下列約定辦理：

一、真實投保年齡高於本契約最高承保年齡者，本契約無效，其已繳保險費無息退還要保人。

二、因投保年齡的錯誤，而致溢繳保險成本者，本公司無息退還溢繳部分的保險成本。如在發生保險事故後始發覺且其錯誤發生在本公司者，前述溢繳保險成本本公司不予退還，改按原扣繳保險成本與應扣繳保險成本的比例提高淨危險保額，並重新計算身故、完全失能保險金或喪葬費用保險金後給付之。

三、因投保年齡的錯誤，而致短繳保險成本者，要保人得補繳短繳的保險成本或按照原扣繳的保險成本與被保險人的真實年齡比例減少淨危險保額。但在發生保險事故後始發覺且其錯誤不可歸責於本公司者，要保人不得要求補繳短繳的保險成本，本公司改按原扣繳保險成本與應扣繳保險成本的比例減少淨危險保額，並重新計算身故、完全失能保險金或喪葬費用保險金後給付之；但錯誤發生在本公司者，本公司應按原身故、完全失能保險金或喪葬費用保險金扣除短繳保險成本後給付。

前項第一款、第二款前段情形，其錯誤原因歸責於本公司者，應加計利息退還各款約定之金額，其利息按給付當時○○○○的利率計算（不得低於本保單辦理保險單借款之利率與民法第二百零三條法定週年利率兩者取其大之值）。

第三十六條 受益人的指定及變更

（辦理電子商務適用）

完全失能保險金的受益人，為被保險人本人，本公司不受理其指定或變更。

除前項約定外，要保人得依下列約定指定或變更受益人：

一、經被保險人同意指定身故受益人，如未指定者，以被保險人之法定繼承人為本契約身故受益人。

二、除聲明放棄處分權者外，於保險事故發生前得經被保險人同意變更身故受益人，如要保人未將前述變更通知本公司者，不得對抗本公司。

前項身故受益人的指定或變更，於要保人檢具申請書及被保險人的同意書（要、被保險人為同一人時為申請書或電子申請文件）送達本公司時，本公司應即予批註或發給批註書。

（未辦理電子商務適用）

完全失能保險金的受益人，為被保險人本人，本公司不受理其指定或變更。

除前項約定外，要保人得依下列約定指定或變更受益人：

一、經被保險人同意指定身故受益人，如未指定者，以被保險人之法定繼承人為本契約身故受益人。

二、除聲明放棄處分權者外，於保險事故發生前得經被保險人同意變更身故受益人，如要保人未將前述變更通知本公司者，不得對抗本公司。

前項身故受益人的指定或變更，於要保人檢具申請書及被保險人的同意書送達本公司時，本公司應即予批註或發給批註書。

第三十七條 投資風險與法律救濟

要保人及受益人對於投資標的價值須直接承擔投資標的之法律、匯率、市場變動風險及投資標的發行或經理機構之信用風險所致之損益。

本公司應盡善良管理人之義務，慎選投資標的，加強締約能力詳加審視雙方契約，並應注意相關機構之信用評等。

本公司對於因可歸責於投資標的發行或經理機構或其代理人、代表人、受僱人之事由減損本投資標的之價值致生損害要保人、受益人者，或其他與投資標的發行或經理機構所約定之賠償或給付事由發生時，本

公司應盡善良管理人之義務，並基於要保人、受益人之利益，即刻且持續向投資標的發行或經理機構進行追償。相關追償費用由本公司負擔。

前項追償之進度及結果應以適當方式告知要保人。

第三十八條 變更住所

（辦理電子商務適用）

要保人的住所有變更時，應即以書面或其他約定方式通知本公司。

要保人不為前項通知者，本公司之各項通知，得以本契約所載要保人之最後住所發送之。

（未辦理電子商務適用）

要保人的住所有變更時，應即以書面通知本公司。

要保人不為前項通知者，本公司之各項通知，得以本契約所載要保人之最後住所發送之。

第三十九條 時效

由本契約所生的權利，自得為請求之日起，經過兩年不行使而消滅。

第四十條 批註

（辦理電子商務適用）

本契約內容的變更，或記載事項的增刪，除第十二條第三項、第十六條第一項、第三十六條約定者外，應經要保人與本公司雙方書面或其他約定方式同意後生效，並由本公司即予批註或發給批註書。

（未辦理電子商務適用）

本契約內容的變更，或記載事項的增刪，除第十二條第三項、第十六條第一項、第三十六條約定者外，應經要保人與本公司雙方書面同意後生效，並由本公司即予批註或發給批註書。

投資型壽險保單保險公司收取之相關費用一覽表

（單位：新臺幣元或%）

費 用 項 目	收 取 標 準
一、保費費用	
1. 目標保險費	
第一保險費年度	
第二保險費年度	
第三保險費年度	
第四保險費年度	
第五保險費年度	
第○保險費年度	
2. 超額保險費	
二、保險相關費用	
1. 保單管理費 (註 1)	
2. 保險成本 (註 2)	
三、投資相關費用 (註 3)	
1. 申購基金手續費	
2. 基金經理費	
3. 基金保管費	
4. 基金贖回費用	
5. 基金轉換費用 (註 4)	
6. 其他費用 (詳列費用項目)	
四、解約及部分提領費用	
1. 解約費用	
2. 部分提領費用 (註 4)	
五、其他費用 (詳列費用項目)	

註：

1：請說明如何收取，例如每月 200 元或每年保單帳戶價值的 0.1%。

2：不論是採用自然保費或平準保費，皆須註明每年的保險成本。例如採用自然保費時，則請說明每年收取的保險成本原則上逐年增加。

3：請詳列說明保險公司收取之投資相關費用 (非投資機構收取)，若保險公司未收取該項費用，則填寫「本公司未另外收取」。

4：如有提供免費轉換或提領次數時，請詳列說明免費次數。

第四十一條 管轄法院

因本契約涉訟者，同意以要保人住所地地方法院為第一審管轄法院，要保人的住所在中華民國境外時，以○○○○地方法院為第一審管轄法院。但不得排除消費者保護法第四十七條及民事訴訟法第四百三十六條之九小額訴訟管轄法院之適用。

投資型壽險保單投資機構收取之相關費用收取表

註：請說明保戶如何查詢投資機構提供其收取相關費用之最新明細資料，
如保險公司於網站提供最新版之商品說明書網址。

附表○：（**完全失能等級適用**）

項別	失能程度
一	雙目均失明者。（註 1）
二	兩上肢腕關節缺失者或兩下肢足踝關節缺失者。
三	一上肢腕關節及一下肢足踝關節缺失者。
四	一目失明及一上肢腕關節缺失者或一目失明及一下肢足踝關節缺失者。
五	永久喪失咀嚼（註 2）或言語（註 3）之機能者。
六	四肢機能永久完全喪失者。（註 4）
七	中樞神經系統機能遺存極度障害或胸、腹部臟器機能遺存極度障害，終身不能從事任何工作，經常需醫療護理或專人周密照護者。(註 5)

註：

1. 失明的認定

    (1) 視力的測定，依據萬國式視力表，兩眼個別依矯正視力測定之。

    (2) 失明係指視力永久在萬國式視力表零點零二以下而言。

    (3) 以自傷害之日起經過六個月的治療為判定原則，但眼球摘出等明顯無法復原之情況，不在此限。

2. 喪失咀嚼之機能係指因器質障害或機能障害，以致不能作咀嚼運動，除流質食物外，不能攝取者。

3. 喪失言語之機能係指後列構成語言之口唇音、齒舌音、口蓋音、喉頭

音等之四種語音機能中，有三種以上不能構音者。

4. 所謂機能永久完全喪失係指經六個月以後其機能仍完全喪失者。

5. 因重度神經障害，為維持生命必要之日常生活活動，全須他人扶助者。

上述「為維持生命必要之日常生活活動」係指食物攝取、大小便始末、

穿脫衣服、起居、步行、入浴等。

| 識財經 |

想賺錢，要買對投資型保單

作　　者—李雪雯
視覺設計—徐思文
主　　編—林憶純
企劃主任—王綾翊

第五編輯部總監—梁芳春
董 事 長—趙政岷
出 版 者—時報文化出版企業股份有限公司
　　　　　108019 台北市和平西路三段 240 號 7 樓
　　　　　發行專線—（02）2306-6842
　　　　　讀者服務專線—0800-231-705、（02）2304-7103
　　　　　讀者服務傳真—（02）2304-6858
　　　　　郵撥— 19344724 時報文化出版公司
　　　　　信箱— 10899 臺北華江橋郵局第 99 信箱
時報悅讀網— www.readingtimes.com.tw
電子郵箱— yoho@readingtimes.com.tw
法律顧問—理律法律事務所 陳長文律師、李念祖律師
印　　刷—勁達印刷有限公司
初版一刷— 2022 年 6 月 17 日
定價—新台幣 380 元
（缺頁或破損的書，請寄回更換）

時報文化出版公司成立於 1975 年，並於 1999 年股票上櫃公開發行，
於 2008 年脫離中時集團非屬旺中，以「尊重智慧與創意的文化事
業」為信念。

想賺錢，要買對投資型保單 / 李雪雯作 .-- 初版 . -
臺北市：時報文化出版企業股份有限公司, 2022.06
258 面；17*23 公分
ISBN 978-626-335-375-6（平裝）
1.CST: 保險 2.CST: 投資組合保險 3.CST: 問題集
563.7022　　　　　　　　　　　111006268

ISBN978-626-335-375-6
Printed in Taiwan